Herausgeber
Joachim Lange
Stefan Krämer

Erfolgreiche metropolenferne Regionen

Lehren für die Regionalentwicklung?

Joachim Lange und Stefan Krämer (Hrsg.): Erfolgreiche metropolenferne Regionen: Lehren für die Regionalentwicklung?, Loccumer Kleine Reihe Band 7, Rehburg-Loccum 2019.

Dokumentation einer gemeinsamen Tagung der Evangelischen Akademie Loccum und der Wüstenrot Stiftung am 30. und 31. Januar 2018 in Loccum.

Tagungsplanung und -leitung: Dr. Joachim Lange, Ev. Akademie Loccum, und Dr. Stefan Krämer, Wüstenrot Stiftung
Redaktion: Dr. Joachim Lange
Sekretariat: Cornelia Müller

Die Dokumentation enthält Originalbeiträge der Tagung. Soweit diese auf Audiomitschnitten beruhen, wurden sie von den Autorinnen und Autoren überarbeitet und zur Veröffentlichung freigegeben.
© Alle Rechte bei den Autoren
© Titelfotos: Achim Mende (Bild li.), Ingo Wagner / dpa (re.)

ISSN 0177-1132
ISBN: 978-3-8172-0618-6
Layout: Anne Sator, Loccum
Druck: Harfe-Verlag und Druckerei GmbH, Rudolstadt

Die „Loccumer Kleine Reihe" wird herausgegeben von der Evangelischen Akademie Loccum. Bezug über den Buchhandel oder direkt bei: Evangelische Akademie Loccum, Protokollstelle, Postfach 2158, 31545 Rehburg-Loccum, Tel.: 05766/81-119, Telefax: 05766/81-900, E-Mail: Christine.Poltier@evlka.de

Inhalt

Stefan Krämer und Joachim Lange	Vorwort	5

**Bestimmungsfaktoren der Regionalentwicklung im Zeitablauf:
Welche Ansätze bietet die wissenschaftliche Debatte**

Boris Braun	Bestimmungsfaktoren der Regionalentwicklung: eine wirtschaftsgeographische Perspektive	11
Hans-Werner Niemann	Bestimmungsfaktoren der Regionalentwicklung im Zeitablauf: Welche Ansätze bietet die wissenschaftliche Debatte?	21

**Erfolgreiche metropolenferne Regionen:
Ergebnisse des Forschungsprojektes, Kommentar und Ergänzungen**

Rainer Danielzyk et al.	Erfolgreiche metropolenferne Regionen	33
Stefan Köhler	Erfolgreiche metropolenferne Regionen: Bodensee-Oberschwaben. Kommentar	69
Hermann Bröring	Erfolgreiche metropolenferne Regionen: Emsland. Kommentar und Ergänzungen zu den Ergebnissen des Forschungsprojektes	77
Uwe Kröcher	Erfolgreiche Regionalentwicklung im Emsland. Ein kritischer Kommentar zu dem wissenschaftlichen Suchen nach Erklärungen	93

Inhalt

Reiner Klingholz	Von Kirchtürmen und Netzwerken: Wie engagierte Bürger das Emsland voranbringen	105

Lehren für die Regionalentwicklung?

Boris Braun	Lehren für die Regionalentwicklung: Sind Erklärungsansätze erkennbar? Gedanken zur Diskussion	117
Dirk Lüerßen	Sind Erklärungsansätze erkennbar und was kann man für die künftige Regionalentwicklung lernen?	125
Herbert Weber	Lehren für die Regionalentwicklung: Was kann man für die künftige Regionalentwicklung lernen?	131

Anhang

Tagungsprogramm	137
Ausgewählte Loccumer Protokolle zum Thema	141

Stefan Krämer und Joachim Lange

Vorwort

In den letzten Jahren erhielten Metropolregionen in der regionalwirtschaftlichen Debatte über zukünftige, regionale Entwicklungsperspektiven besondere Aufmerksamkeit. Ländliche Räume fernab von Metropolen wurden dagegen nicht nur weniger wahrgenommen, sondern auch oft pauschal als benachteiligt und abgehängt dargestellt. Nach dieser Wahrnehmung scheint die Zukunft in erster Linie den Agglomerationen und wirtschaftlichen Verdichtungsräumen zu gehören, während den Regionen, die nicht zum erweiterten Einzugsbereich einer Metropole gerechnet werden können, wohl unwiderruflich der Verlust ihrer wirtschaftlichen wie demographischen Bedeutung droht.

Die Realität in den Regionen, die ohne eine Metropole als Zugpferd vor allem auf ihre eigene Entwicklungsfähigkeit angewiesen sind, ist jedoch wesentlich differenzierter. Zwar ist offensichtlich, dass es in vielen ländlichen Räumen zunehmend schwieriger wird, das bisherige Versorgungsniveau zentraler Infrastrukturbereiche dauerhaft zu erhalten. Hier sind neue Konzepte erforderlich, die aber dennoch den Abbau des einen oder anderen Leistungsangebotes kaum vermeiden können. Zugleich zeigt sich aber auch, dass es durchaus auch metropolenferne Räume gibt, deren demographische, wirtschaftliche und soziale Entwicklung so positiv verläuft, dass sie den Vergleich und sogar den Wettbewerb mit den Metropolen nicht zu scheuen brauchen. Dies gilt nicht zuletzt deshalb, weil die Metropolen ebenfalls kein homogenes Bild abgeben, sondern ihrerseits über durchaus heterogene Entwicklungspotentiale verfügen.

Die wissenschaftliche und politische Konzentration auf die Auswirkungen der Globalisierung und die Wettbewerbsfähigkeit der Metropolen hat dazu geführt, dass insgesamt nur wenige systematische Erkenntnisse über die Hintergründe der unterschiedlichen Perspektiven von ländlich geprägten Regionen gesammelt wurden. Was sind die wesentlichen Ursachen erfolgreicher Entwicklungen? Liegen sie in erster Linie in historisch gewachsenen Prozessen und endogenen Potentialen oder sind sie auch aktuell noch gestaltbar? Lassen sich aus einer polyzentrischen Entwicklung die entscheidenden Perspektiven für metropolenferne Regionen gewinnen? Können aus einer systematischen Analyse wichtige Handlungsempfehlungen für andere Regionen generiert werden?

Angesichts der globalen Prozesse stellt sich auch immer wieder die Frage, wie weit heute die Gestaltungskraft der Politik und die Umsetzungsfähigkeit der Verwaltung noch reichen. Sind es inzwischen vor allem die übergeordneten gesellschaftlichen und wirtschaftlichen Rahmenbedingungen, die über die Chancen metropolenferner Regionen entscheiden? Können regionale Akteure, auch wenn sie einer gemeinsamen Handlungsorientierung folgen, überhaupt noch einen signifikanten Einfluss auf das Verhältnis von endogenen und exogenen Faktoren nehmen?

Zur Erörterung dieser und ähnlicher Fragen führten die Evangelische Akademie Loccum und die Wüstenrot Stiftung im Januar 2018 eine gemeinsame Tagung durch. Einen Input dafür lieferte der Zwischenbericht aus einem Forschungsprojekt, mit dem die Wüstenrot Stiftung das Niedersächsische Institut für Historische Regionalforschung e.V. beauftragt hatte. In dessen Fokus standen ausgewählte Regionen, die nach einer Reihe von Kriterien eine erfolgreiche Entwicklung aufweisen können. Dazu gehören als vertiefend untersuchte Fallbeispiele das Emsland und die Region Bodensee/Oberschwaben.

Die Zwischenergebnisse wurden auf der Tagung in Loccum der Fachöffentlichkeit präsentiert, um sie kritisch zu diskutieren und auf ihre Lehren für die Regionalpolitik hin zu befragen. Wichtige Impulse zu dieser Debatte lieferten die Beiträge namhafter Experten aus Wissenschaft und Praxis, die den Stand der aktuellen Diskussion über die verschiedenen Bestimmungsfaktoren regionalwirtschaftlicher Entwicklung reflektierten. Diese Beiträge ergänzten und erweiterten das Spektrum der Fragen, die im Mittelpunkt der Untersuchungen und Fallstudien des Forschungsprojektes standen. Kritische Kommentare und weitere Erkenntnisse zu den bisherigen Forschungsergebnissen vervollständigten die Diskussion über mögliche Erklärungsansätze und Lehren für die zukünftige Regionalentwicklung.

Die Beiträge der Veranstaltung dokumentiert der vorliegende Band. Allen, die an der Tagung und der Entstehung des Bandes mitgewirkt haben, sei an dieser Stelle für ihr Engagement und ihre Kooperationsbereitschaft herzlich gedankt.

Ludwigsburg/Loccum im Dezember 2018
Stefan Krämer und Joachim Lange

BESTIMMUNGSFAKTOREN DER REGIONALENTWICKLUNG IM ZEITABLAUF:

Welche Ansätze bietet die wissenschaftliche Debatte

Boris Braun

Bestimmungsfaktoren der Regionalentwicklung: eine wirtschaftsgeographische Perspektive

Die Frage nach Bestimmungs- und Erfolgsfaktoren der regionalen Entwicklung ist seit jeher zentral für das Selbstverständnis der Wirtschaftsgeographie. Dies hat sich über die letzten Jahrzehnte nicht verändert, auch wenn die konkreten Forschungsansätze, Theorien und Methoden über die Zeit einen erheblichen Wandel erfahren haben. Aber genau dieser Wandel der Perspektiven ermöglicht es erst, immer wieder neue Aspekte der Regionalentwicklung zu beleuchten und neue Erkenntnisse zu gewinnen.

Neoklassische Ansätze und Raumwirtschaftslehre

Die der ökonomischen Neoklassik nahestehende Raumwirtschaftslehre, welche das Fach von den 1970er- bis in die 1990er-Jahre hinein stark prägte, diskutierte Regionalentwicklung vor allem vor dem Hintergrund von Gleichgewichtsmodellen, die bei Anwendung der Gesetze des Marktes und bei unbeschränkter Mobilität der Produktionsfaktoren zumindest theoretisch eine langfristige Angleichung regionalwirtschaftlicher Unterschiede prognostizieren. Wenn diese Angleichung der wirtschaftlichen Leistungsfähigkeit ausbleibt, liegt dies aus Perspektive der Neoklassik – etwas verkürzt formuliert – vor allem an der mangelnden Mobilität von Arbeit und/oder Kapital sowie an (falschen) staatlichen Eingriffen in den Markt. Eine andere Erklärungslinie der Raumwirtschaftslehre, welche die empirisch auf allen Maßstabsebenen zu beobachtenden Ungleichheiten zwischen Wirtschaftsräumen nicht als Ausnahme, sondern als Regelfall sieht, sind die sog. Polarisationsansätze. Diese wurden ab den 1950er Jahren entwickelt und stellten die Dynamik kumulativer Selbstverstärkung ins Zentrum ihrer Betrachtung (positive Regelkreise bzw. „Teufelskreise"). Erst ab Anfang der 1990er Jahre konnten Studien in den Wirtschaftswissenschaften zur Endogenen Wachstumstheorie (Hauptvertreter: Paul Romer, Robert Lucas) sowie zur New Economic Geography (NEG; Hauptvertreter: Paul Krugman) den Widerspruch zwischen Ausgleich und Polarisation weitgehend auflösen (vgl. zusammenfassend Braun/Schulz 2012: 120ff.). Die Endogene Wachstumstheorie erklärt, wie sich aus wirtschaftlicher Aktivität und vor allem aus Investitionen in Bildung oder Forschung neuer technischer Fortschritt ergibt, der dann wiederum zu weiterem Wirtschaftswachstum führt. Die NEG dagegen kann zeigen, dass es abhängig von der relativen Höhe von Skalenerträgen und Transportkosten nicht zum Ausgleich der regionalwirtschaftlichen Entwicklung, sondern vielmehr zur räumlichen Ballung von wirtschaftlichen Aktivitäten in wenigen Standorträumen kommt. Beide Theorien überwinden damit die Fixierung der neoklassischen Regionalentwicklungstheorie auf Ausgleichsmechanismen und können anhand formaler Modelle aufzeigen, dass das Auseinanderfallen in wirtschaftlich dynamische und wettbewerbsfähige Regionen auf der einen und stagnierenden Räumen auf der anderen Seite keine Ausnahme, sondern in freien Marktwirtschaften den Regelfall darstellt. Auch wenn insbesondere die NEG aufgrund ihres hohen Abstraktionsgrades von Seiten der Wirtschaftsgeographie auch erhebliche Kritik erfahren hat, haben diese Erkenntnisse die Wirtschaftsgeographie und insbesondere deren raumwirtschaftliche Richtung ohne Frage befruchtet.

Relationale Perspektiven:
Innovationen, Lernen und Vertrauen in der Region

Aus Sicht der Wirtschaftsgeographie noch wichtiger als die Endogene Wachstumstheorie und die NEG waren in den letzten Jahrzehnten der Einfluss der modernen Innovationsforschung sowie insbesondere die konzeptionellen Impulse aus den Sozialwissenschaften (Schamp 2007). Während die Innovationsforschung die Rolle von Innovationen als Motoren der wirtschaftlichen Entwicklung in den Vordergrund stellt und beispielsweise in Form des Modells des Produktlebenszyklus unmittelbar raumrelevante Aussagen macht, betonen sozialwissenschaftliche Konzepte vor allem die Bedeutung von sozialen Beziehungen, kooperativen Netzwerkstrukturen, Vertrauen und Reputation für die Innovations- und Wettbewerbsfähigkeit von Regionen. Die sog. Relationale Wirtschaftsgeographie verknüpft diese beiden Forschungsrichtungen unter der Annahme, dass kooperative Beziehungen zwischen Unternehmen sowie zwischen Unternehmen und anderen Akteuren in der Region (Politik, Forschungseinrichtungen, Hochschulen, Verbände usw.) Innovationen und damit Wettbewerbsfähigkeit fördern (vgl. Bathelt/Glückler 2012). Räumliche Nähe, so eine weitere Annahme, hilft dabei, Transaktionskosten zu senken, begünstigt Lernprozesse und schafft durch Reputationseffekte sowie die Einbettung (Embeddedness) aller Akteure in ähnliche Normen- und Wertegerüste (Institutionen) Vertrauen zwischen den Beteiligten. Zudem können sich in einer Region spezialisierte Arbeitsmärkte herausbilden, in denen Arbeitskräfte mit ganz spezifischen, vor Ort besonders nachgefragten Qualifikationen zur Verfügung stehen. Dies sind aus Sicht der Firmen ebenso positive Externalitäten wie sog. Wissens-Spillover zwischen Unternehmen, die in spezialisierten Wirtschaftsräumen dazu führen, dass sich Wissen und Innovationen schneller verbreiten und ein gemeinsames Lernen begünstigen. Empirische Arbeiten konnten zudem zeigen, dass nicht nur High-Tech-Regionen und große Finanzzentren längerfristig wirtschaftlich erfolgreich sein können, sondern durchaus auch kleinbetrieblich strukturierte Räumen, falls es den ansässigen Unternehmen gelingt, sich flexibel zu spezialisieren und durch vertikale Kooperationen entlang der Lieferkette sowie in horizontalen Kooperationen bei Produktentwicklung und/oder -vermarktung zusammenzuarbeiten. Idealerweise finden die Unternehmen in solchen Regionen eine optimale Balance zwischen Wettbewerb und Kooperation. Insbesondere die Regionen des sog. Dritten Italiens (Toskana, Emilia-Romagna, Venetien) wurden in den 1980er und frühen 1990er Jahren zu Referenzräumen dieser Forschungen.

Übersetzt man die oben genannten Postulate in regionalpolitische Strategien, geht es also vor allem darum, eine zielgerichtete Wissensinfrastruktur für die Unternehmen in der Region aufzubauen und flexible Netzwerkstrukturen zwischen den regionalen Akteuren zu fördern. Diese Annahmen bilden aber auch die Grundlage für territoriale Innovationsmodelle, wie sie auf der Basis von theoretischen Konzepten und empirischen Erkenntnissen vor allem in den 1990er Jahren entwickelt wurden. Hierzu zählen stilisierte regionsbezogene Modellvorstellungen wie Industrial Distrikts oder Kreative Milieus, aber letztlich auch das auf die Arbeiten des Ökonomen Michael Porter zurückgehende, wirtschaftspolitisch enorm erfolgreiche Cluster-Konzept.

Heute lässt sich eine starke Konvergenz von regionalen Entwicklungs- und Innovationsstrategien erkennen. Die einfache Formel „Innovationsfähigkeit = Wettbewerbsfähigkeit = positive Regionalentwicklung" prägt sowohl die Politik als auch weite Bereiche der aktuellen Wirtschaftsgeographie. Auch das Konzept der Regionalen Innovationssysteme (RIS), das sich damit den Bedingungen für eine möglichst effiziente Förderung der regionalen Innovationsfähigkeit in der Zusammenarbeit von privaten, öffentlichen und intermediären Akteuren beschäftigt, setzt hier an. Politisch zielt der Ansatz der RIS vor allem auf einen Ausbau der innovationsspezifischen Infrastruktur in der Region.

Grenzen der regionalen Perspektive

Die umfangreichen empirischen Forschungen der letzten Jahre haben gezeigt, dass die Bedeutung räumlicher Nähe für das kooperative Verhalten von Wirtschaftsakteuren zunächst überschätzt wurde. Vertrauen und Netzwerke lassen sich durchaus auch über weitere Entfernungen herstellen. So können Face-to-Face-Kontakte beispielsweise auch auf Messen organisiert werden, und einmal etablierte Kontakte lassen sich über Reisen oder regelmäßige Videokonferenzen pflegen. Das Modell des „local buzz" und der „global pipelines" verdeutlicht diesen Gegensatz zwischen den Informationsflüssen innerhalb des lokalen Umfelds (buzz, Rauschen) und den von den Unternehmen bewusst etablierten Netzwerkbeziehungen (Pipelines), die zu strategischen Partnern auch über weitere Distanzen aufgebaut werden (Bathelt et al. 2004). Entsprechend wird heute zwischen den zufälligen, nicht intentionalen Beziehungen innerhalb der Region und den weitestgehend regionsunabhängig intentional verfolgten, strategischen Netzwerkverbindungen unterschieden. Für die Entwicklung neuer Technologien sind letztere zumeist wichtiger.

Auch andere Befunde empirischer Forschungen haben die anfängliche Euphorie um die Möglichkeiten einer auf Netzwerke und Clusterstrukturen orientierten Regionalpolitik gebremst. So zeigte sich, dass gut funktionierende lokale Strukturen in der Regel sehr kontextspezifisch sind und in der Regel über längere Zeiträume wachsen müssen. Deshalb lassen sie sich nicht einfach auf andere Regionen übertragen. Zudem unterliegen auch regionale Netzwerke einem Lebenszyklus: Je stärker sich die Netzwerkbeziehungen nur noch auf Akteure innerhalb der Region beziehen, desto mehr verlieren die regionalen Akteure ihre „Antennen" nach außen und können somit (radikale) Veränderungen und vielversprechende Neuerungen nicht mehr aufnehmen. Man spricht hierbei auch von Lock-ins (Grabher 1993). Aus diesen Erkenntnissen lässt sich ableiten, dass es im Sinne der Steigerung der Wettbewerbsfähigkeit eben nicht ausschließlich um eine immer weitere Intensivierung und Verdichtung innerregionaler Netzwerke geht, sondern eine dauerhaft erfolgreiche Regionalpolitik vor allem auf eine optimale Balance zwischen Vernetzung nach innen und den Erhalt der Antennen nach außen achten sollte.

Letztlich betreffen viele der angesprochenen Probleme auch Cluster-Politiken. Porters Clusterkonzept basiert neben der Vorstellung einer kritischen Masse von miteinander über vertikale und horizontale Verflechtungen verbundenen Unternehmen innerhalb einer Region vor allem auf seiner Wettbewerbstheorie. Die verschiedenen Bausteine dieser Wettbewerbstheorie (sog. Porterscher Diamant), wie Faktorbedingungen (z. B. Qualifikation der Arbeitskräfte, Infrastruktur), Nachfragebedingungen (z. B. besonders anspruchsvolle Kunden), die verwandten und unterstützenden Branchen (vor- und nachgelagerte Unternehmen in der Wertschöpfungskette) sowie Unternehmensstrategien und Wettbewerbsstrukturen, erfahren – so die Annahme – durch räumliche Nähe und ein gemeinsames politisch-institutionelles Umfeld eine wechselseitige Verstärkung. Ziel von Cluster-Politiken weltweit ist deshalb die Förderung spezifischer Branchen und Wertschöpfungsketten innerhalb einer Region. In vielen Ländern wurden in der Vergangenheit durch die Politik aber zu viele (und damit letztlich zu schwache) Cluster ausgewiesen (Silicon Somewheres). Ebbekink und Lagendijk (2013) kritisieren in diesem Zusammenhang vor allem die vage Konzeptualisierung des Cluster-Konzepts, die politischem Aktionismus Tür und Tor öffne und grundsätzliche Dynamiken der Globalisierung verkenne. Zum einen lassen sich wettbewerbsfähige Cluster nicht einfach politisch konstruieren, zum anderen kann eine Überspezialisierung in riskanten Monostrukturen münden und lock-ins provozieren. Nicht immer gelingt eben die wünschenswerte und von der Europäischen Union geforderte „smart specialization" (European Commission 2013).

Evolutorische Perspektiven: verbundene und unverbundene Vielfalt

Die Evolutorische Wirtschaftsgeographie hat – auf der Basis oft stark mathematisierter Ansätze – wichtige Erkenntnisse zu dieser Debatte beigetragen (z. B. Boschma/Frenken 2011). Diese Forschungsrichtung arbeitet mit Analogien aus der biologischen Evolutionstheorie und geht davon aus, dass im Wirtschaftsprozess immer wieder Neuerungen entstehen (z. B. Innovationen, neue Unternehmen), die dann über den Wettbewerb einer Selektion unterliegen. Zudem entstehen Pfadanhängigkeiten, das heißt die Möglichkeiten in der Zukunft hängen immer auch von den Bedingungen in der Vergangenheit ab. Das Konzept der Pfadabhängigkeit hat durchaus Bedeutung für den Strukturwandel in einer Region. Neue Technologien sind nie ganz unabhängig von alten, genauso wie sich neue regionale Impulse immer auch von den vorhergehenden Strukturen mitbestimmt werden. Radikale Neuerungen, die Pfade aufbrechen, sind zwar nicht ausgeschlossen, finden aber eher selten statt.

Eine wichtige Frage, welcher sich die Evolutionäre Wirtschaftsgeographie in den letzten Jahren intensiv gewidmet hat, ist diejenige, ob und wenn ja, unter welchen Bedingungen „related variety" (verbundene Vielfalt) oder „unrelated variety" (unverbundene Vielfalt) für eine Region günstiger ist. Während mit wirtschaftlichen Monostrukturen immer Risiken einhergehen (keine Risikostreuung), gilt „related variety" – und hiervon geht implizit ja auch der Cluster-Ansatz aus – gemeinhin als optimale regionale Wirtschaftsstruktur. Es gibt dann einerseits genug Vielfalt an Branchen, um Risiken der Monostruktur zu vermeiden, andererseits sind die Unternehmen in einer Region durch eine gewisse Nähe zueinander bezüglich der Kerntechnologien oder der notwendigen Qualifikationen der Beschäftigten miteinander verbunden. Hierdurch kann in der Region Wissen effizient ausgetauscht werden (z. B. in Unternehmenskooperationen oder durch den sog. Wissensaustausch über Köpfe), in gemeinschaftlichen Projekten flexibel zusammengearbeitet werden und damit ein kollektiver regionaler Lernprozess stattfinden. Die bisher gewonnenen empirischen Befunde weisen darauf hin, dass ein höheres Maß an verbundener Vielfalt unter relativ stabilen Rahmenbedingungen tatsächlich zumeist günstiger ist, weil damit die Innovations- und Wettbewerbsfähigkeit der regionalen Wirtschaft gefördert wird. In Zeiten starker Umbrüche, schwerer Krisen und massiver externer Schocks kann jedoch ein geringeres Maß technologischer Verbundenheit innerhalb der regionalen Wirtschaft vorteilhaft sein, weil sich Krisenphänomene in einer Branche weniger stark auf die anderen Branchen ausbreiten können. Auch wird ein ggf. notwendiger, radikalerer Wandel nicht so stark durch verfestigte Netzwerke – zwischen den Unternehmen selbst, aber auch zwischen Unternehmen und Politik – behindert. Während die „related variety" also in „Normalzeiten" in der Regel innovationsfördernder ist (inkrementelle Innovationen), kann die „unrelated variety" Vorteile in Krisenzeiten haben und radikalere Innovationen durch neue Kombinationen u. U. erst ermöglichen.

Vom Cluster zum Prozess: die Offene Region

Neuere wirtschaftsgeographische Studien argumentieren häufig, dass sich die Räumlichkeit von Innovationsprozessen besser verstehen lässt, wenn nicht die territoriale Dimension, also so etwas wie eine „Region", im Mittelpunkt steht, sondern der Innovationsprozess selbst erforscht wird („from cluster to process";

Ibert et al. 2015). Zudem wird gefordert, dass die innovativen Begabungen und Fähigkeiten von Einzelpersonen stärker in den Vordergrund gerückt werden sollten, anstatt nur auf Unternehmen und größere Organisationen als Innovationsträger zu schauen. Ein jüngst in diesem Zusammenhang von Schmidt et al. (2018) vorgeschlagenes Konzept ist das der „Offenen Region". Hierbei geht es vor allem darum, Expertise (räumlich) zu mobilisieren und dann in der Region zu verankern. Aus dieser Perspektive ist beispielsweise auch die Abwanderung von jungen, gut ausgebildeten Menschen aus einer Region nicht grundsätzlich problematisch. Wenn es gelingt, diese aufgrund ihrer auswärtigen Erfahrungen dann noch besser ausgebildeten Menschen später wieder zurückzugewinnen, kann dies für die heimische Wirtschaft von erheblichem Vorteil sein (brain circulation statt brain drain). Entsprechend sollten Regionen nicht primär versuchen, die Abwanderung junger, gut ausgebildeter Menschen zu verhindern, sondern eher die Mobilität dieser Bevölkerungsgruppen fördern. Weitere Vorschläge für eine „Offene Region" betreffen Maßnahmen zur Förderung des lokalen Unternehmertums und die Einrichtung von offenen Kreativlaboren, aber beispielsweise auch die Unterstützung des Austauschs von Personal zwischen Unternehmen sowie zwischen Unternehmen und öffentlichen Einrichtungen.

Ausblick

Wie dieser kurze Beitrag zeigen sollte, sind Innovationen und deren Rolle für die Regionalentwicklung spätestens seit den späten 1980er Jahren ein zentrales Forschungsinteresse der Wirtschaftsgeographie. Dabei wurden immer Impulse sowohl aus den Wirtschaftswissenschaften als auch aus den Sozialwissenschaften aufgegriffen und in empirische Forschungsvorhaben, häufig auch mit einem deutlichen planerisch-politischen Anwendungsbezug, überführt. Die entsprechenden Studien haben trotz der großen Heterogenität realer Regionen und regionaler Wirtschaftsstrukturen einige wichtige grundsätzliche Einsichten in die Bestimmungsfaktoren der Entwicklung regionaler Ökonomien erbracht. Eine gewisse Konvergenz von Innovations- und Regionalentwicklungsstrategien ist hierbei nicht zu übersehen.

Während in den 1990er und frühen 2000er Jahren vor allem stark regionsbezogene Forschungen durchgeführt und stilisierte Raummodelle entwickelt wurden, spielt in den letzten Jahren die Untersuchung der Räumlichkeit von Innovationen eine bedeutendere Rolle. Es wird inzwischen also mehr nach der räumlichen Qualität bzw. den räumlichen Merkmalen von Innovationsprozessen gefragt als nach den Bestimmungsfaktoren der Innovationsfähigkeit in einem bestimmten, von vorneherein abgegrenzten Raum. Dies trifft auch auf eine Forschungsrichtung zu, die in den letzten Jahren eine zunehmende Bedeutung erlangt hat. So beschäftigen sich Arbeiten zu Globalen Wertschöpfungsketten und Globalen Produktionsnetzwerken vor allem mit weltweiten Verflechtungen sowie mit materiellen und immateriellen Strömen zwischen Unternehmen. Neben den wichtigen Fragen, wie diese Ketten und Netzwerke gesteuert sowie Mehrwerte erwirtschaftet und verteilt werden, spielt aber immer auch die Verortung von Wertschöpfungsstufen in konkreten Regionen eine zentrale Rolle (vgl. Coe/Yeung 2015). Aus den betreffenden Studien lassen sich so auch Erkenntnisse zu der Frage gewinnen, welche Möglichkeiten benachteiligte Unternehmen und Regionen haben, ihre Stellung in weltweiten Wertschöpfungsprozessen langfristig zu verbessern (Upgrading).

Die Transition Studies, ein weiteres gegenwärtig besonders bedeutsames Forschungsgebiet der Wirtschaftsgeographie, interessieren sich vor allem für die Koevolution technologischer und sozio-ökonomischer Systeme. Dabei wird eine dezidierte Multi-Level-Perspektive (MLP) von innovativen Nischen, soziotechnischen Regimen und Megatrends auf der Ebene sog. „Landscapes" angewendet. Vor allem wird dabei gefragt, wie radikale Innovationen soziotechnologische Regime langfristig verändern können (vgl. die sog. Sustainability Transition; z. B. Fastenrath/Braun 2018).

Selbst wenn die Wirtschaftsgeographie heute weniger mit einfachen Regions- oder Clustermodellen arbeitet als noch vor zehn oder zwanzig Jahren, spielen räumliche Zusammenhänge und insbesondere die regionale Ebene in der aktuellen Forschung weiterhin eine herausragende Rolle. Somit wird die Wirtschaftsgeographie auch in Zukunft Beiträge leisten können, die für regionale Entscheidungsträger und regionalpolitische Konzepte von Bedeutung sind.

Literatur

Bathelt, H. & J. Glückler (2012): Wirtschaftsgeographie. Ökonomische Beziehungen in räumlicher Perspektive. 3. Aufl. Stuttgart: Ulmer

Bathelt, H., Malmberg, A. & P. Maskell (2004): Clusters and knowledge: Local buzz, global pipelines and the progress of knowledge creation. Progress in Human Geography 28, 1, 31-56

Boschma, R. & K. Frenken (2011): The emerging empirics of evolutionary economic geography. Journal of Economic Geography 11, 2, 295-307

Braun, B. & C. Schulz (2012): Wirtschaftsgeographie. Stuttgart: Ulmer

Coe, N.M. & H.W.-C. Yeung (2015): Global Production Networks: Theorizing economic development in an interconnected world. Oxford: University Press

Ebbekink, M. & A. Lagendijk (2013): What's next in researching cluster policy: Place-based governance for effective cluster policy. European Planning Studies 21, 5, 735-753

European Commission (2013): The role of clusters in smart specialization strategies. Luxembourg: Directorate General for Research and Innovation

Fastenrath, S. & B. Braun (2018): Lost in transition? Directions for an economic geography of urban sustainability transitions. Sustainability 10, 2434, doi:10.3390/su10072434

Grabher, G. (1993): The weakness of strong ties: The lock-in of regional development in the Ruhr area. In: Grabher, G. (Hrsg.): The embedded firm. On the socioeconomics of industrial networks. London: Routledge, 255-277

Ibert, O., Hautala, J. & J.S. Jauhiainen (2015): From cluster to process: New economic geographic perspectives on practices of knowledge creation. Geoforum 65, 323-327

Schamp, E.W. (2007): Denkstile in der deutschen Wirtschaftsgeographie. Aktuelle Umbrüche seit 1970. Zeitschrift für Wirtschaftsgeographie 51, 3-4, 238-252

Schmidt, S., Müller, F.C., Ibert, O. & V. Brinks (2018): Open Region: Creating and exploiting opportunities for innovation at the regional scale. European Urban and Regional Studies 25, 2, 187-205

Hans-Werner Niemann

Bestimmungsfaktoren der Regionalentwicklung im Zeitablauf: Welche Ansätze bietet die wissenschaftliche Debatte?

Die wissenschaftliche Diskussion um Leitbilder der Raumordnung hat sich weitgehend auf die Bedeutung von dynamischen Wachstumsregionen und Metropolen für den allgemeinen Wachstumsprozess konzentriert. Dass es auch fernab der Metropolen Wachstumsräume gibt, ist bisher kaum ins Bewusstsein getreten. Einen wichtigen Impuls setzte hier das vom Bundesamt für Bauwesen und Raumordnung initiierte Projekt „Erfolgsbedingungen von Wachstumsmotoren außerhalb der Metropolen."[1]

Mag unser Thema also auch vergleichsweise neu sein, so sind wir auf der Suche nach möglichen Erklärungsansätzen für dieses Phänomen doch nicht ganz hilflos: die erfolgreichen metropolenfernen Regionen stellen sozusagen einen Sonderfall disparater regionaler Entwicklung dar, und zwar im positiven Sinne. Nicht wenige dieser Regionen waren seit dem 19. Jahrhundert und noch lange darüber hinaus benachteiligte, arme Regionen, denen es in den letzten Jahrzehnten unter veränderten ökonomischen Rahmenbedingungen gelungen ist, teilweise historische Hypotheken zu überwinden und eine bemerkenswert positive Entwicklung einzuleiten.

---

[1] Erfolgsbedingungen von Wachstumsmotoren außerhalb der Metropolen: ein Projekt des Forschungsprogramms „Modellvorhaben der Raumordnung" (MORO) des Bundesministeriums für Verkehr, Bau und Stadtentwicklung (BMVBS) und des Bundesamtes für Bauwesen und Raumordnung (BBR) [Hrsg.: Bundesministerium für Verkehr, Bau und Stadtentwicklung (BMVBS); Bundesamt für Bauwesen und Raumordnung (BBR). Bearb.: Gabi Troeger-Weiß]. Bonn 2008.

Wenn man diesen Prozess verstehen will, lohnt sich ein Blick auf die empirischen und theoretischen Angebote der Wirtschaftsgeschichte, der allgemeinen ökonomischen Theorie sowie der Wirtschaftsgeographie. Seit sie sich mit der Erforschung der Industrialisierungsgeschichte befasst haben, ist Wirtschaftshistorikern bewusst, dass bereits die Industrielle Revolution des 19. Jahrhunderts ein regionalspezifischer, ungleichmäßiger und ungleichzeitiger Prozess[2] war. Sie ging von einer kleinen Zahl wirtschaftlicher Führungsregionen aus, während andere Regionen anfangs kaum von diesem Prozess erfasst wurden und sogar Potential an die Führungsregionen abgeben mussten. Der dynamische Strukturwandel der Industrialisierung manifestierte sich daher nicht nur als sektoraler oder branchenspezifischer, sondern nicht zuletzt auch als regionaldifferenzierender Prozess. Indem Wirtschaftshistoriker die Region und ihre unterschiedliche Ausstattung mit Produktionsfaktoren und Ressourcen als Kernstück des Industrialisierungsprozesses und Referenzrahmen für ihre Untersuchungen der deutschen Industrialisierung aufgriffen, gelangten sie auf drei Ebenen zu erheblichen Erkenntnisfortschritten: bei der theoretisch-methodischen Reflexion des Industrialisierungsprozesses, der differenzierten Herausarbeitung der raumwirtschaftlichen Struktur der deutschen Wirtschaft und zahlreichen Untersuchungen zu einzelnen Wirtschaftsregionen.

Hubert Kiesewetter, um hier in diesen knappen einleitenden Bemerkungen nur einen Namen zu nennen, leistete grundlegende Arbeit zur Erforschung regionaler wirtschaftlicher Disparitäten, indem er eine quantitative Bestandsaufnahme regionaler Industrialisierung zum Zeitpunkt der Reichsgründung vorlegte.[3] Ziel war die Erstellung einer Typologie des regionalen Industrialisierungsverlaufs. Dabei gelangte Kiesewetter zu drei Typen: erstens den Pionierregionen, zweitens den Nachzüglerregionen, die aufgrund ihrer schlechten

---

[2] Vgl. dazu Sidney POLLARD (Hrsg.), Region und Industrialisierung. Studien zur Rolle der Region in der Wirtschaftsgeschichte der letzten zwei Jahrhunderte – Region and Industrialization. Studies on the Role of the Region in the Economic History of the Last Two Centuries, Göttingen 1980; DERS., Peaceful Conquest. The Industrialization of Europe 1760–1970, Oxford 1981.

[3] Vgl. KIESEWETTER, Regionale Industrialisierung in Deutschland zur Zeit der Reichsgründung. Ein vergleichend-quantitativer Versuch, in: Vierteljahrsschrift für Sozial- und Wirtschaftsgeschichte 73, 1986, S. 38–60.

Rohstoffbasis zunächst nicht dem Tempo der Pionierregionen folgen konnten und erst in der zweiten Hälfte des 19. Jahrhunderts zu den Pionierregionen aufschlossen, sowie drittens den zurückbleibenden Regionen, die rein landwirtschaftlich strukturiert blieben oder in der Konkurrenz mit den industriellen Führungsregionen ihre vorindustrielle Gewerbestruktur verloren. Kiesewetter entwickelte auf dieser Grundlage ein auch heute noch für regionale Analysen nützliches Faktorenmodell regionaler Industrialisierung. In diesem Modell kommen der Bevölkerungsdichte und -zunahme, günstigen Boden- und Klimaverhältnissen, natürlichen Ressourcen, vorindustriellen Gewerbestrukturen, ausreichendem Kapital, technischem Fortschritt, einer dynamischen Unternehmerschaft, einem ausreichenden Arbeitskräftereservoir und dem interregionalen Handel eine entscheidende Bedeutung für die wirtschaftliche Dynamik einer Region zu.[4]

Manche dieser für die Industrialisierung des 19. Jahrhunderts herausgearbeiteten Faktoren sind auch für unser Thema relevant, während andere wie die Ausstattung mit Rohstoffen nach dem Ende des montanindustriellen Zeitalters und angesichts zunehmender Tertiarisierung der Volkswirtschaft sowie einer Globalisierung des Handels an Bedeutung verloren haben bzw. substituierbar geworden sind.

Im Kontext der Industrialisierungsforschung entstand unter Wirtschaftshistorikern auch eine lebhafte Diskussion über Entwicklung der wirtschaftlichen Wachstumsunterschiede und Wohlstandsgefälle in Deutschland, die jedoch zunächst nicht über 1914 hinausreichte.[5] Demnach verschärften sich im

---

[4] Vgl. Hubert KIESEWETTER, Erklärungshypothesen zur regionalen Industrialisierung in Deutschland im 19. Jahrhundert, in: Vierteljahrsschrift für Sozial- und Wirtschaftsgeschichte 67, 1980, S. 305–333; DERS., Industrialisierung und Landwirtschaft. Sachsens Stellung im Industrialisierungsprozeß Deutschlands im 19. Jahrhundert, Köln/Wien 1988; DERS., Raum und Region, in: Gerold AMBROSIUS/Dietmar PETZINA /Werner PLUMPE (Hrsg.), Moderne Wirtschaftsgeschichte. Eine Einführung für Historiker und Ökonomen, München 1996, S. 105-118.

[5] Vgl. Knut BORCHARDT, Regionale Wachstumsdifferenzierung in Deutschland im 19. Jahrhundert unter besonderer Berücksichtigung des West-Ost Gefälles. In: Wilhelm ABEL u.a. (Hrsg.), Wirtschaft, Geschichte und Wirtschaftsgeschichte, Stuttgart 1966, S. 325 ff.; Gerd HOHORST, Regionale Entwicklungsunterschiede im Industrialisierungsprozess Preußens – ein auf Ungleichgewichten basierendes Entwicklungsmodell,

Verlaufe des Industrialisierungsprozesses zunächst bis weit in das 20. Jahrhundert hinein die regionalen Disparitäten in puncto Erwerbsstruktur und Einkommen. Eine wichtige Zäsur in der Entwicklung der regionalen Disparitäten stellten die 1960er Jahre dar und damit sind wir in den Zeiträumen angelangt, die für unsere Thematik von besonderem Interesse sind. Die 1960er Jahre sahen das Ende des montanindustriellen Zeitalters. Damit veränderten sich die Bedingungen für die Standortwahl, die sich jetzt weniger an natürlichen Ressourcen wie der Rohstoffausstattung orientierte. Der Wachstumsprozess wurde insgesamt flächiger. Regionale Unterschiede aber verschwanden keineswegs, schon allein deswegen nicht, weil die in der Industrialisierung geschaffenen sozialgeschichtlichen Verhältnisse bis auf den heutigen Tag erhebliche Auswirkungen haben. Wie wir alle wissen, bestehen z.B. in Niedersachsen bis heute erhebliche Disparitäten der strukturellen Wirtschaftsentwicklung, der Erwerbstätigkeit und des Pro-Kopf-Einkommens.[6]

Die für das 20. Jahrhundert zu konstatierende tendenzielle Abnahme der regionalen Disparitäten war begleitet von vielfältigen Positionsveränderungen der Regionen in der Wachstumshierarchie. Diesen Prozess hat Gornig[7] eingehend untersucht. Bemerkenswert sind seine Ergebnisse nicht zuletzt auf der methodischen und theoretischen Ebene. So weist er einen Zusammenhang regionaler Verschiebungen mit dem sektoralen Strukturwandel in der Gesamtwirtschaft nach. Seine Kernthese ist, dass nicht alle Sektoren unmittelbar Einfluss auf die Entwicklungsperspektiven der Region nehmen, sondern

---

in: POLLARD, Region und Industrialisierung, wie Anm. 18, S. 215 ff. Eine Zusammenfassung der Diskussion findet sich bei Rainer FREMDLING/Toni PIERENKEMPER/ Richard TILLY, Regionale Differenzierung in Deutschland als Schwerpunkt wirtschaftshistorischer Forschung. In: FREMDLING/TILLY (Hrsg.), Industrialisierung und Raum, Stuttgart 1979; zur Entwicklung des wirtschaftlichen West-Ost-Gefälles in Preußen vgl. Gerd HOHORST, Wirtschaftswachstum und Bevölkerungsentwicklung in Preußen 1816 bis 1914, New York 1977.

[6] Hans-Heinrich SEEDORF/Hans-Heinrich MEYER, Landeskunde Niedersachsen. Natur- und Kulturgeschichte eines Bundeslandes, Bd. II: Niedersachsen als Wirtschafts- und Kulturraum, Neumünster 1996, S. 71.

[7] Martin GORNIG, Gesamtwirtschaftliche Leitsektoren und regionaler Strukturwandel. Eine theoretische und empirische Analyse der sektoralen und regionalen Wirtschaftsentwicklung in Deutschland 1895-1987, Berlin 2000.

die großräumigen Entwicklungsunterschiede auf die Einflüsse bestimmter, als gesamtwirtschaftliche Leitsektoren bezeichneter Wirtschaftssektoren zurückgeführt werden können. Gornig fragt, welche Wirtschaftsbereiche in den jeweiligen Perioden besonders dominierten und ob mit dem Wechsel zwischen den technologischen Kondratieff-Zyklen auch Umbrüche in den sektoralen und in deren Gefolge auch in den regionalen Strukturen beobachtet werden können.

Für kleine Regionen wie die hier zu betrachtenden ist der Verweis auf die Auswirkungen des sektoralen Strukturwandels allerdings nur bedingt weiterführend. Jedoch machte der wirtschaftliche Strukturwandel seit den 1970er Jahren, in dessen Folge sich ganze Regionen entindustrialisierten und andere, von den „neuen Industrien" geprägte Wachstumsregionen aufstiegen, eines ganz deutlich: ein einfacher Zentrum-Peripherie-Dualismus reichte zur Erklärung unterschiedlicher regionaler Entwicklung nicht mehr aus. Stattdessen rückten die der Region inhärenten Wachstumskräfte immer mehr in den Vordergrund. Zusätzlichen Aufschwung erhielt das Thema Regionalität durch die Öffnung des europäischen Binnenmarktes und die nachfolgende Globalisierung.

Die EU baute seit den späten 1970er Jahren eine gemeinschaftliche Regional- und Strukturpolitik auf. Das damals aufgekommene Schlagwort vom „Europa der Regionen" hatte die Konzentration der Teilräume auf besondere Kompetenzfelder zum Ziel. Regionale Infrastrukturförderung und die Technologieentwicklung durch sogenannte Kompetenzcluster waren zentrale Aspekte dieser Art von Strukturpolitik, die nicht nur auf europäischer, sondern auch nationaler und föderaler Ebene betrieben wurde. Für Bayern hat Stefan Grüner belegt, dass dort bereits nach Kriegsende Ansätze zu einer Veränderung der Wirtschaftsstruktur griffen und hinter dem Aufstieg Bayerns eine aktive Strategie dezentraler Regionalisierung nach württembergischem Vorbild stand.[8]

Doch nicht nur die Notwendigkeiten einer wachstumsfördernden Strukturpolitik führten seit den späten 1970er Jahren zu einem Anstieg des Interesses an der Region. In die gleiche Richtung wirkten politisch-psychologische Faktoren, stellte sich doch im Prozess der zunehmenden wirtschaftlichen und

---

[8] Stefan Grüner, Geplantes „Wirtschaftswunder"? Industrie- und Strukturpolitik in Bayern 1945 bis 1973, München 2009.

politischen Europäisierung die Frage nach der regionalen Identität in neuer Schärfe. Es entbrannte eine Debatte über regionale Identität unter dem Einfluss übergeordneter sozialer Systeme wie Politik, Markt und Konjunktur.

In den Wirtschaftswissenschaften, der Wirtschaftsgeographie und der Raumplanung hatten seit den späten 1980er Jahren vor dem Hintergrund der Debatte um die Wettbewerbsfähigkeit von Staaten im Zeitalter der Globalisierung theoretische Ansätze, die die Region als Akteur in den Mittelpunkt stellten, Hochkonjunktur.[9] Es etablierte sich ein teilweise geradezu euphorisches Regionalisierungsparadigma. Raumplaner, Regionalwissenschaftler und Stadtsoziologen glaubten in den späten 1980er Jahren, dass sich im Zuge postfordistischer Produktionsmuster, d.h. flexiblerer Produktionsprozesse und betrieblicher Organisation, vermehrter Unternehmenskooperationen und stärkerer Vernetzung, neue, kleinräumige Produktionsbeziehungen herausbilden würden. Unter dem Schlagwort „space matters" wurde in räumlicher Nähe geradezu der Schlüssel für die Generierung von Innovationen gesehen.

Mit dem Clusterbegriff führte Michael Porter territoriale, raumbezogene Konfigurationen überhaupt erst in die Ökonomie ein und leistete damit einen entscheidenden Beitrag zur Implementierung regionaler Strukturpolitik.[10] Als besonders förderlich sah man die „industrielle Atmosphäre" solcher Distrikte an, in denen persönliche Kontakte aller beteiligten Akteure eine Vertrauensbasis schaffen und die sich durch eine intensive Verflechtung der unternehmerischen Tätigkeit mit dem gesamten sozio-kulturellen Umfeld auszeichnen. In der Region werden in dieser Sicht die Erzeugung und der Transfer von Wissen durch kollektive Normen und soziokulturelle Konventionen abgesichert. Industriesoziologen schufen dafür den Begriff der embeddedness, der lokal oder regional verankerten sozialen Einbettung von Unternehmen. Viele dieser Überlegungen und Erklärungsansätze scheinen mir gerade für die auf unserer

---

[9] Zur Kritik der Regionalisierungseuphorie vgl. Uwe KRÖCHER, Die Renaissance des Regionalen. Zur Kritik der Regionalisierungseuphorie in Ökonomie und Gesellschaft, Münster 2007.

[10] Vgl. dazu Edward J. MALECKI, On diamonds, clusters, and regional development, in: Robert HUGGINS (Hrsg.), Competition, competitive advantage, and clusters : the ideas of Michael Porter, Oxford 2011, S. 193-210.

Tagung zu behandelnden metropolenfernen Regionen als Erfolgsfaktoren von zentraler Bedeutung zu sein. Räumliche Nähe, regionale Identität, embeddedness und engmaschige regionale Netzwerke von Akteuren aus Wirtschaft, Verwaltung, Politik und Zivilgesellschaft bieten sich als Erklärungsmuster für die positive Entwicklung dieser Regionen und damit als Parameter entsprechender Untersuchungen an.

Andererseits – und das sollte hier keineswegs verschwiegen werden – gehen nicht wenige Interpreten gegenwärtiger und zukünftiger Entwicklungstendenzen in Wirtschaft und Gesellschaft von einem starken Bedeutungsverlust des Regionalen aus. Sie verweisen zur Begründung auf die modernen Kommunikationsmittel, die zu einer space-time compression, d.h. geradezu zu einer Vernichtung des Raumes durch die Geschwindigkeit der Kommunikation und des Verkehrs führe.[11] Soziale Interaktion sei nicht mehr an einen bestimmten Ort gebunden, werde in gewisser Weise ortlos. Soziale Beziehungen ließen sich heutzutage über große Entfernungen konstituieren, regionale Orientierungen und Prägungen verlören dadurch relativ an Bedeutung. Und tatsächlich scheinen in Zeiten des Internets sozio-kulturelle Bindungen in Auflösung begriffen zu sein, verlieren traditionelle Milieus an Bindungskraft. Die an ihre Stelle tretenden neuen kulturellen Bezüge sind weit weniger an einen bestimmten Raum gebunden.

Auch sollte die Fokussierung auf die Region nicht dazu verleiten, die überregionalen Beziehungsstrukturen von Unternehmen zu vernachlässigen. Insbesondere im Falle großer transnationaler Konzerne liegen die Beziehungsstrukturen und internationalen Strukturierungszwänge vielfach quer zu regionalen Interessen. So fanden Backhaus und Seidel in ihrer Studie über Industriebetriebe im Raum Braunschweig-Göttingen-Hannover heraus, dass in den untersuchten Unternehmen bei den vertikalen Produktionsbeziehungen keineswegs die räumliche Nähe dominierte, sondern vielmehr die Marktnähe, d.h. die Firmen suchten sich ihre Kooperationspartner eben nicht vornehm-

---

[11] Vgl. Wolfgang BONß, Globalisierung, Regionalisierung, Glokalisierung. Zur Bedeutung des Regionalen in der modernisierten Moderne, in: Jahrbuch für Regionalgeschichte 25 (2007), S. 15–28.

lich in der Region, etwa weil diese ein besonders günstiges sozio-kulturelles Umfeld böte.[12] In diesem Zusammenhang kann die diversifizierte klein- und mittelbetriebliche Unternehmensstruktur vieler erfolgreicher metropolenferner Regionen mit Sicherheit als Vorteil betrachtet werden, da eine solche die Identifikation der Wirtschaft mit der Region tendenziell erhöht.

Was also ist zu tun, wenn wir verstehen wollen, was die positive Entwicklung mancher metropolenfernen Region vorantreibt? Will man über regionale Strukturbeschreibungen und eine bloße Zusammenstellung von Daten und Kennziffern hinausgelangen, besteht die zentrale Aufgabe darin, die Reichweite der aktiven Rolle der Regionen und ihrer wirtschaftlichen wie politisch-administrativen Akteure zu bestimmen. Hier geht es vor allem darum, ob die unterschiedliche Entwicklung der Regionen primär eine Folge des gesamtwirtschaftlichen sektoralen Strukturwandels ist und damit die Regionen lediglich eine passive Verteilerfunktion für das sektorale Wachstum besitzen oder ob und in welchem Maße die Regionen in verschiedenen Entwicklungsperioden auch aktiv Einfluss auf ihre Position in der regionalen Wachstumshierarchie nehmen können und genommen haben. Es geht darum, zu bestimmen, ob die jeweilige Region mehr ist als eine historisch gewachsene Ressource, auf die zumindest große Unternehmen mit einer gewissen Austauschbarkeit zurückgreifen, oder ob sie darüber hinaus einen inneren sozial-kulturellen Zusammenhalt hat, der seinerseits historisch entstanden ist und sie befähigt, zum Träger einer eigenständigen wirtschaftlichen Entwicklung zu werden.

Dies gilt erst recht für die regionale Wirtschaftsgeschichte der jüngeren Vergangenheit: Die wirtschaftliche Entwicklung einer Region lässt sich immer weniger mit einer bloßen Strukturanalyse oder der Betrachtung einer regionalen Produktionsfunktion erklären. Vielmehr geht es um die Analyse einer komplexen Gemengelage regionaler und überregionaler Produktionsbeziehungen, regionaler und überregionaler wirtschaftlicher und politischer Entscheidungen, die jeweils höchst unterschiedlich gelagert sind.

---

[12] Vgl. Angela BACKHAUS, Olof SEIDEL, Die Bedeutung der Region für den Innovationsprozeß. Eine Analyse aus der Sicht verschiedener Akteure, in: Raumforschung und Raumordnung 56 (1998), S.264-276.

Welche Rolle spielen organisatorische und institutionelle Determinanten wie regionale Entwicklungsinitiativen, innerregionale und überregionale betriebliche Netzwerkstrukturen, sog. "starke Persönlichkeiten", aber auch Netzwerke zwischen Wirtschaft, Verwaltung und Politik und nicht zuletzt das ehrenamtliche Engagement der Bevölkerung bei der Umsetzung von Entwicklungsinitiativen? Welche Rolle spielen die Identifizierung der Bevölkerung mit der Region und ihr Selbstimage – beides Dinge, die vielfach über jahrzehntelange historische Zeiträume gewachsen sind.

Die wenigen Studien, die dazu vorliegen, zeigen, dass in derartigen metropolenfernen Räumen Engagement, Kreativität und Durchhaltevermögen der regionalen Akteure und eine gute infrastrukturelle Ausstattung dem Wachstum förderliche Faktoren sind. Es scheint also, dass weiche Faktoren wie die Kooperationsbereitschaft und Handlungsfähigkeit der regionalen Akteure weit wichtiger sind als das Vorhandensein harter Determinanten für den wirtschaftlichen Erfolg. [13] Der überzeugende Nachweis der Existenz und Funktionsweise offener und flexibler regionaler Netzwerke von Unternehmen, Verwaltung und Politik, der Bedeutung zentraler Akteure in diesen Netzwerken, der Rolle ehrenamtlichen bürgerschaftlichen Engagements für die Region, erst recht der Bedeutung von regionaler Identität möglichweise sogar Mentalität ist methodisch herausfordernd. Allein mit Ersatzindikatoren für diese weichen sozio-kulturellen Phänomene und Interviews zum Selbstbild der Bevölkerung und der relevanten Akteure ist noch nicht viel gewonnen. Was wir brauchen sind aus meiner Sicht konkrete exemplarische Fallstudien, die wirklich zeigen, auf welche Weise die verschiedenen Akteure in der Region zusammenwirken, welche Ziele sie verfolgen und welche förderlichen wie ggf. auch hinderlichen Faktoren sie in ihrem regionalen sozio-kulturellen Umfeld vorfinden.

---

[13] Das belegen auch die Ergebnisse des vom Bundesamt für Bauwesen und Raumordnung initiierten Projekts „Erfolgsbedingungen von Wachstumsmotoren außerhalb der Metropolen." (vgl. Anm. 1); vgl. auch Gabi TROEGER-WEIß, Lokale und regionale Netzwerke als Träger der Regionalentwicklung und ihr Anteil an der Bewältigung des demographischen Wandels, in: Die Gestaltung des Demographischen Wandels in Rheinland-Pfalz; Teil 1: Herausforderung für Land und Kommunen. Idar-Oberstein 2010, S. 77-89.

Die Herausforderungen für diese kleinen Regionen sind jedenfalls immens, ihr aktueller Erfolg nicht per se gesichert. Sie sind zunehmend der Konkurrenz wachstumsstarker großstädtischer und metropolitaner Räume ausgesetzt, deren Attraktivität für Unternehmen und Arbeitskräfte ständig steigt. Sie müssen sich den Herausforderungen der zunehmend wissensbasierten Ökonomie stellen, wobei sich das Wissen im Zeitalter der Digitalisierung zusehends enträumlicht. Der heutige dynamische Wettbewerb mit teils disruptiven, d.h. nicht vorhersehbaren technologischen Sprüngen und Innovationen wie auch demographische, wirtschaftliche und gesellschaftliche Megatrends stellen erhebliche Anforderungen an ihre Anpassungsfähigkeit und Resilienz.

All diesen Herausforderungen kann nur begegnet werden mit offenen, flexiblen, nicht über zu lange Zeiträume angelegten Planungsprozessen und einer permanenten Reflexion über die Zukunftsfähigkeit der eigenen Region. Bei allen Prozessen und Maßnahmen wird es entscheidend darauf ankommen, die regionale Einbettung der Unternehmen zu sichern, das spezifisch Regionale in allen Bereichen zu akzentuieren und die Außenwahrnehmung der Region positiv zu stärken.

ERFOLGREICHE METROPOLENFERNE REGIONEN

Ergebnisse des Forschungsprojektes, Kommentar und Ergänzungen

Rainer Danielzyk, Philipp Friedsmann,
Carl-Hans Hauptmeyer und Nadja Wischmeyer

Erfolgreiche metropolenferne Regionen

Einführung

Es ist einer der eher überraschenden Befunde der regionalwissenschaftlichen Forschung, dass zu den – vornehmlich gemäß ökonomischer und demographischer Maßstäbe – „erfolgreichen" Regionen Deutschlands derzeit nicht nur großstädtische Ballungsgebiete oder beispielsweise die Metropolregionen zählen. Auch einzelne ländliche oder suburbane Räume mit klein- oder mittelstädtischen Kernen, aber ohne ein starkes Agglomerationszentrum, zudem oft weit abseits der Metropolen gelegen, findet man unter den „Gewinnern". Sie generieren erfolgreich Wachstum. Dieses Phänomen hat bereits zu Analysen angeregt, doch erhebliche Forschungslücken bestehen weiterhin. Zu diesem Thema einschlägige Hypothesen zu entwickeln ist auch deshalb sinnvoll, weil die Chance besteht, dass am regionalen Beispiel gewonnene Erkenntnisse grundsätzlich für die Regionalplanung und -politik von Interesse sind.

Vor diesem Hintergrund wurde im Jahr 2015 ein Forschungsprojekt der Wüstenrot Stiftung über erfolgreiche Regionen im ländlichen Raum ins Leben gerufen. Das Vorhaben zeichnet sich durch einen interdisziplinären Ansatz aus, eine Verbindung von regional- mit geschichtswissenschaftlichen Vorgehensweisen. Denn es war ein ausgewiesenes Ziel, ausgehend von den naturräumlichen und historischen Voraussetzungen, die Verflechtungen der politischen, ökonomischen und zivilgesellschaftlichen Bereiche zu untersuchen und insbesondere nach staatlichen Struktur- und Fördermaßnahmen neueren Datums sowie dem Handeln wirtschaftlicher und zivilgesellschaftlicher Akteurinnen und Akteure zu fragen. Und: Gibt es charakteristische Entwicklungsschübe oder dominieren langfristige Grundmuster?

Dieser Ansatz verlangt eine große methodische Vielfalt: Sozialwissenschaftliche und wirtschaftsgeografische Methoden wurden ebenso angewandt wie landeskundliche und regionalhistorische. Die Arbeitsgruppe zog für ihre Untersuchungen umfangreiche quantitativ auswertbare Quellen der letzten Jahrzehnte heran und analysierte einerseits die Befunde vor dem Hintergrund von Standort- und Standortstrukturtheorien, von regionalen Wachstums- und Entwicklungstheorien oder nahm Agglomerationswirkungen, Cluster und innovative Milieus in den Blick. Andererseits wurden mit den Mitteln der Geschichtswissenschaft historische Entwicklungen erforscht – überwiegend solche der jüngeren Vergangenheit. Doch ging es um wichtige strukturelle Aspekte, führte der „Blick zurück" bis in die Frühe Neuzeit oder das Mittelalter. Dabei musste naturgemäß in erster Linie auf vorliegende geschichtswissenschaftliche Publikationen zurückgegriffen werden.

Ein Ziel war letztlich, zu ermitteln, ob historische Pfadabhängigkeiten zum Verständnis der aktuellen Situation und des Erfolges einer Region beitragen können: Aktuelle Regionalanalysen sollten möglichst die vorangehenden längerfristigen Entwicklungen samt deren Kontinuität und Wandel erfassen. Dieses kurze Plädoyer sei erlaubt, denn der tiefer gehende Blick in die Geschichte ist, anders als die Nutzung von umfangreichen statistischen Daten und die Analyse aktueller sozioökonomischer Strukturen, im Rahmen von Regionalstudien keine Selbstverständlichkeit.

Eine besondere Bedeutung besaß ein dritter methodischer Aktionsstrang, die Durchführung leitfadengestützter Interviews, die inzwischen in vielen wissenschaftlichen Disziplinen zum methodischen Repertoire zählen und im Zusammenhang mit der „Oral History" auch in der Geschichtswissenschaft breiten Raum einnehmen. Hier kommt der Studie der interdisziplinäre Ansatz besonders zu Gute.

Letztlich wurden 50 derartige Gespräche geführt. Als Ansprechpartner waren maßgebliche regionale Akteurinnen und Akteure aus Politik, Verwaltung, Wirtschaft, aus Kultur und sonstigen Bereichen der Zivilgesellschaft ausgewählt worden. Durch die „Experteninterviews" konnten nicht zuletzt auch zuvor nicht erahnte, aber durchaus bedeutende Aspekte und Themenkomplexe aufgedeckt werden: Diese Methode lieferte belastbare qualitative Informationen, welche die empirisch erhobenen quantitativen Fakten ergänzen und Interpretationen auf einer breiteren Basis ermöglichten.

Die Leitfragestellung des Projektes und die geschilderten aufwendigen Methoden verdeutlichen es: Die Untersuchung konnte nur auf der Basis einer tiefer gehenden Analyse von Beispielregionen durchgeführt werden. Deren Auswahl war notwendigerweise einer der ersten, durchaus anspruchsvollen, Arbeitsschritte. Zunächst war die Einbeziehung je einer Region aus Nord-, Süd- und Ostdeutschland angestrebt worden. Nach ausführlichen Debatten unter Einbeziehung externer Fachleute fiel die Entscheidung, auf ein Fallbeispiel aus dem Gebiet der neuen Bundesländer zu verzichten. Stattdessen liefert der in Vorbereitung befindliche Projekt-Abschlussbericht jedoch sogenannte Seitenblicke auf andere, nicht zu den ausgewählten Beispielregionen zählende Räume. In ihrem Rahmen wird auf einzelne thematische Aspekte vertiefend eingegangen, um die Analysen der Beispielregionen zu ergänzen.

Welche nord- beziehungsweise süddeutsche Region kam nun infrage? „Erfolgreiche" Regionen lassen durch die Analyse wichtiger ökonomischer und demographischer Parameter in erster Näherung gut ermitteln – doch welche dieser Gebiete liegen unbestreitbar „abseits" im ländlich-suburbanen Raum? Gängige Einteilungen wie die oft herangezogene Klassifizierung des Bundesinstituts für Bau-, Stadt- und Raumforschung (BBSR), die siedlungsstrukturelle Kreistypen nach deren Einwohnerdichte und dem Bevölkerungsanteil in Groß- und Mittelstädten einstuft und daraus Zuordnungen zum städtischen oder ländlichen Raum ableitet, aber auch andere Definitionsansätze, die mehr Indikatoren heranziehen, blieben als Entscheidungshilfen noch zu „unscharf".

Die schließlich für eine Festlegung herangezogenen Parameter spiegeln sich gut in der Formulierung des Arbeitstitels des Projektes wider: Nach durchaus kontroversen Diskussionen kristallisierte sich der Terminus „Erfolgreiche metropolenferne Regionen" heraus, weil insbesondere die Ferne zum Ballungsraum als wesentliches Kriterium identifiziert wurde, um eine erfolgreiche Entwicklung als überwiegend endogen induziert zu ermitteln. Dadurch erweitert sich der Kreis potenzieller Untersuchungsregionen allerdings auch um Gebiete, die beispielsweise dichter besiedelt sind oder mehr Mittelstädte umfassen als eine ländliche Region nach der klassischen Definition.

So fiel die Wahl auf das Emsland – identisch mit dem heutigen gleichnamigen Landkreis – und auf die Untersuchungsregion Bodensee-Oberschwaben. Sie besteht aus den Landkreisen Ravensburg und Bodenseekreis. Beide Untersuchungsräume zählen zu den sehr „Erfolgreichen" und zu den ausgesprochen „Metropolenfernen".

Doch das Emsland und der ausgewählte oberschwäbische Raum sind in vielfacher Hinsicht – landschaftlich, in ihrer historischen Entwicklung, in ihrer sozialen und ökonomischen Struktur – sehr unterschiedlich geprägt, was dem Untersuchungszweck der Studie aber dienlich ist. Da ist das moorreiche Emsland, bis in die jüngere Vergangenheit im Wortsinne „am Rande" (ab-) gelegen, sich erst nach dem Zweiten Weltkrieg und der Durchführung einer staatlichen Förderungsmaßnahme nachhaltiger entwickelnd und schließlich – viele überraschend – als ein zwar weiterhin sehr ländlich geprägtes Gebiet, aber mit Bevölkerungs- und Wirtschaftswachstum, geringer Arbeitslosigkeit, sozialem Frieden und mit oft jungen, zum Teil weltweit tätigen, Unternehmen auftretend. Und da ist der Raum Bodensee-Oberschwaben, landschaftlich abwechslungsreich, im Mittelalter geprägt von kleineren reichsfreien Städten, früh Handel und Gewerbe entwickelnd, der heute – obwohl eindeutig fern von Metropolen – unter anderem durch eine leistungsstarke Industrie und durch Hochschulen besticht. Diese Aspekte sind in den beiden nachstehenden regionalen Kapiteln selbstverständlich noch zu vertiefen.

Einleitend ist auf die Tatsache hingewiesen worden, dass sich, nicht zu Unrecht, die Einstufung einer Region als „erfolgreich" vornehmlich und in erster Annäherung an ökonomischen und demographischen Gradmessern orientiert. Ein Kennzeichen des Projekts „Erfolgreiche metropolenferne Regionen" ist aber, auch soziokulturelle Aspekte einzubeziehen. Solche Faktoren sind naturgemäß schwer zu quantifizieren, aber gleichwohl aussagekräftig. Insbesondere die zahlreichen leitfadengestützten Interviews liefern aufschlussreiche Informationen zu diesem Aspekt. Im Abschlussbericht des Projektes wird dieses Thema noch vertieft werden, wobei folglich auf eine ausgewiesene

Nutzung des Terminus' „erfolgreich" zu achten ist. Darüber hinaus wird auch die Frage nach der Übertragbarkeit von Ergebnissen zu stellen sein. Eine einfache Antwort scheidet per se aus: Auch wenn Ähnlichkeiten bestehen, haben die Beispielräume ja hochkomplexe Entwicklungen durchlaufen und tragen individuelle Züge. Das Ansinnen, simple Erfolgsrezepte formulieren zu können, kann daher von vornherein ausgeschlossen werden.

Emsland

Die Bezeichnung „Emsland" hat sich im allgemeinen Sprachgebrauch für den niedersächsischen Landschaftsraum im westlichsten Teil des norddeutschen Tieflands beiderseits der mittleren Ems zwischen dem noch westfälischen Rheine und dem etwa 150 Kilometer davon entfernten niedersächsischen Papenburg durchgesetzt (Völksen, S. 8, Kreisbeschreibung Emsland, S. 18). Der diesem Gebiet den Namen gebende Fluss Ems entspringt im Kreis Gütersloh in Westfalen und mündet im niedersächsisch-holländischen Grenzgebiet in die Nordsee, gerahmt von einer etwa zwei bis vier Kilometer breiten Talaue. Die noch in heutiger Zeit teilweise stark mäandrierende Ems bildet die das Gebiet erschließende Achse und war lange Zeit die wichtigste Verkehrsverbindung für die Region bis Straße, Schiene und der Dortmund-Ems-Kanal diese Aufgaben übernahmen. Bis zu seiner systematischen Erschließung in der zweiten Hälfte des 20. Jahrhunderts herrschten in dem Gebiet zwei Landschaftsformationen vor: Im Westen und Norden die ausgeprägten Hochmoorgebiete sowie im Süden und Osten die sandige, von Natur aus wenig fruchtbare Geest (50 Jahre Emslandplan, S. 21).

Das Emsland liegt abseits der großstädtischen Ballungsräume am westlichen Rand von Niedersachsen und wird explizit als ländlicher Raum ausgewiesen (Abb. 1). Es zählt deutschlandweit zu den ökonomischen und demographischen Gewinnern unter den metropolenfernen respektive ländlichen Gebieten. Die Region bezeugt die Potentiale eines abgelegenen Raumes – und dass diese auch ohne eine urbane Ballung erfolgreich in Wert gesetzt werden können. Die emsländische Bevölkerung lebt die traditionell dem ländlich-kleinstädtischen

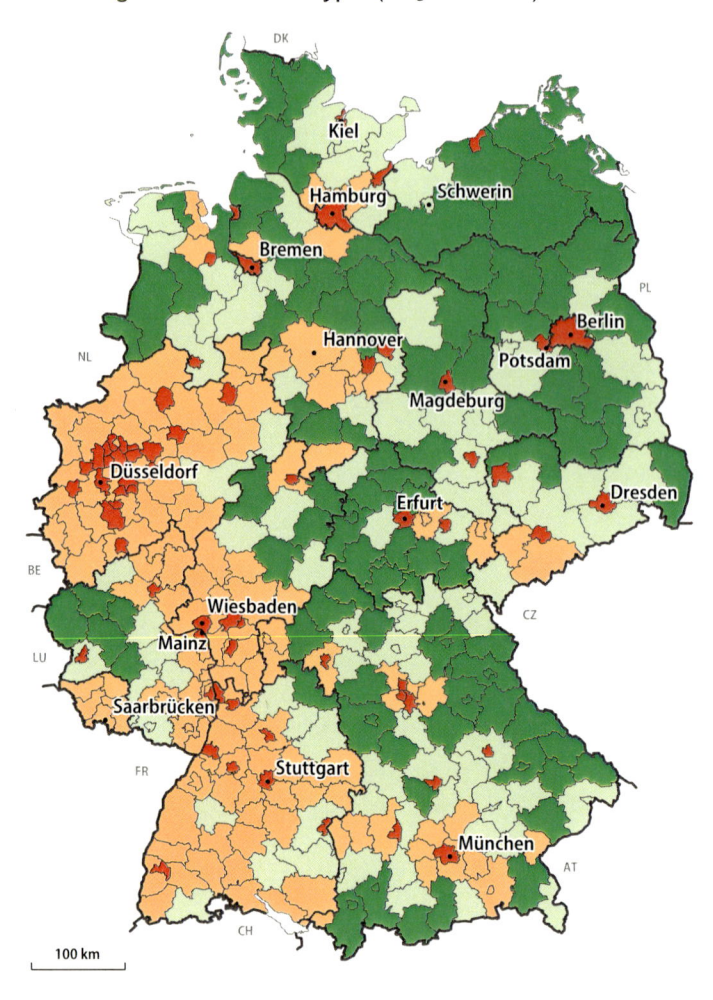

Abb. 1: Siedlungsstrukturelle Kreistypen (2015 nach BBSR)

- kreisfreie Großstadt
- städtischer Kreis
- ländlicher Kreis mi Verdichtungsansätzent
- dünn besiedelter ländlicher Kreis

Datenbasis: Laufende Raumbeobachtung des BBSR. Geometrische Grundlage: Kreise (generalisiert)/ Kreisregionen des BBSR, 31.12.2015 © GeoBasis-DE/BKG, Bearbeitung: P. Kuhlmann
© BBSR Bonn 2017

Raum zugeschriebenen Verhaltensweisen eines aktiven Miteinanders. Das gilt hier nicht nur für die Persönlichkeiten, die Schlüsselpositionen innerhalb der emsländischen Gesellschaft, der Wirtschaft vor Ort oder der heimischen Politik besetzen und die im Rahmen des Projektes interviewt worden sind. Es ist auch anhand der vielen Gemeinschaftsfeste, verschiedenster Initiativen und den unterschiedlichsten Vereinsaktivitäten gut zu beobachten, dass die Mehrzahl der im Emsland lebenden Menschen gerne den Gemeinsinn bewahrt.

Aus dem guten Zusammenspiel von regionaler Wirtschaft und kommunaler Politik entstand die emsländische Erfolgsgeschichte – sagen die Emsländer. Der Erfolg wiederum ließ den Lebensstandard in den Städten und Gemeinden des Landkreises steigen. Die kommunale Gebiets- und Verwaltungsreform von 1977 legte die seit 1946 niedersächsischen Kreise Aschendorf-Hümmling, Meppen und Lingen zum damals größten Landkreis der Bundesrepublik Deutschland zusammen. Nach der deutsch-deutschen Wiedervereinigung ist das im Bundesland Niedersachsen gelegene Emsland mit einer Fläche von 2.880 Quadratkilometern der zweitgrößte, beziehungsweise ab 2011 nur noch der drittgrößte Landkreis Deutschlands (Kreisbeschreibung Emsland, S. 18f; Landeskundlich-statistische Übersichten, S. 191).

Die südlichste und größte der Städte des Emslandes ist mit mehr als 50.000 Einwohnern Lingen, ein wichtiger Wirtschaftsstandort und Mittelzentrum mit Teilfunktionen eines Oberzentrums. Lingen gehört neben Meppen und Papenburg zu den drei wichtigsten Städten, die sich von Süden nach Norden an der Ems entlang aufreihen. Die Stadt Meppen ist Sitz der Kreisverwaltung. Papenburg, ganz im Norden gelegen, ist ebenfalls Mittelzentrum und beherbergt gleichzeitig den größten Arbeitgeber der Region. In beiden Städten leben jeweils etwa 35.000 Menschen. Das Emsland war noch in den 1950er-Jahren das „Armenhaus" Deutschlands und ist erst ab den 1990er-Jahren – anfänglich ganz langsam und ab den 2000er-Jahren mit immer rasanterer Geschwindigkeit – zu einer Vorzeigeregion mit durchweg positiven wirtschaftlichen und demographischen Kennzahlen geworden.

Nach dem Zweiten Weltkrieg kamen zahlreiche Flüchtlinge und Heimatvertriebene in die Region, viele zogen jedoch schnell in die industriellen Zentren Deutschlands weiter. Hieraus erklärt sich die kurzzeitige Bevölkerungsabnahme Anfang der 1950er-Jahre, die sich jedoch zum Ende des Jahrzehntes in ihr Gegenteil verkehrte. Die Bevölkerungszahlen stiegen stärker als im niedersächsischen Durchschnitt, bis 1970 jedoch vergleichbar dem Bundesdurchschnitt. Während die Bevölkerungsentwicklung ab den 1970er-Jahren in Niedersachsen und in den alten Bundesländern nahezu identisch verlief und bis 1990 im Wesentlichen stagnierte, ist die Zahl der Einwohner im Emsland seit den 1970er-Jahren überproportional stark angestiegen. Dies lag bis Ende der 1980er-Jahre fast ausschließlich an den hohen Geburtenzahlen. Zu Beginn der 1990er-Jahre hat der Zuzug von Spätaussiedlern dem Emsland einen weiteren Bevölkerungsschub gebracht, der bis 1996 (Inkrafttreten des Wohnortzuweisungsgesetzes) anhielt. Mitte der 2000er-Jahre hat sich dann auch im Emsland das Bevölkerungswachstum merklich verlangsamt (Abb. 2).

Das Emsland prägt seit einigen Jahrzehnten nicht nur ein starker Bevölkerungsanstieg, der Landkreis ist zudem eine ökonomische Wachstumsregion. Er weist prägnante wirtschaftliche Zuwachsraten auf, unter anderem einen überproportionalen Anstieg der sozialversicherungspflichtig Beschäftigten (Abb. 3). Das darf jedoch nicht darüber hinwegtäuschen, dass die Beschäftigtenquote noch Mitte der 1980er-Jahre weit unter dem niedersächsischen Landesschnitt lag. Und im Jahr 1985 erreichte die Arbeitslosigkeit im Emsland mit knapp 19 Prozent ihren Höchststand.

Zu einem gewissen Teil ist der überproportionale Anstieg der Beschäftigtenzahlen also als eine nachholende Entwicklung zu werten, die aus einem geringeren Ursprungsniveau resultiert. Von den 1950er-Jahren bis Anfang der 1990er-Jahre verläuft die Entwicklung der Arbeitslosenquote im Emsland weitgehend vergleichbar mit der des Bundes und des Landes – aber auf einem deutlich höheren Niveau. Doch seit Ende der 1990er-Jahre liegt die Arbeitslosenquote im Emsland unter der des Landes und seit Mitte der 2000er-Jahre sogar unter der des Bundes (Ricke 2002, S. 690 f., Rolfes 2008, S. 14). Seit 2011 stagniert die Arbeitslosenquote unter vier Prozent, weshalb seitdem auch von Vollbeschäftigung gesprochen werden kann (Statistisches Landesamt Niedersachsen).

Erfolgreiche metropolenferne Regionen

Abb. 2: Bevölkerungsentwicklung seit 1950

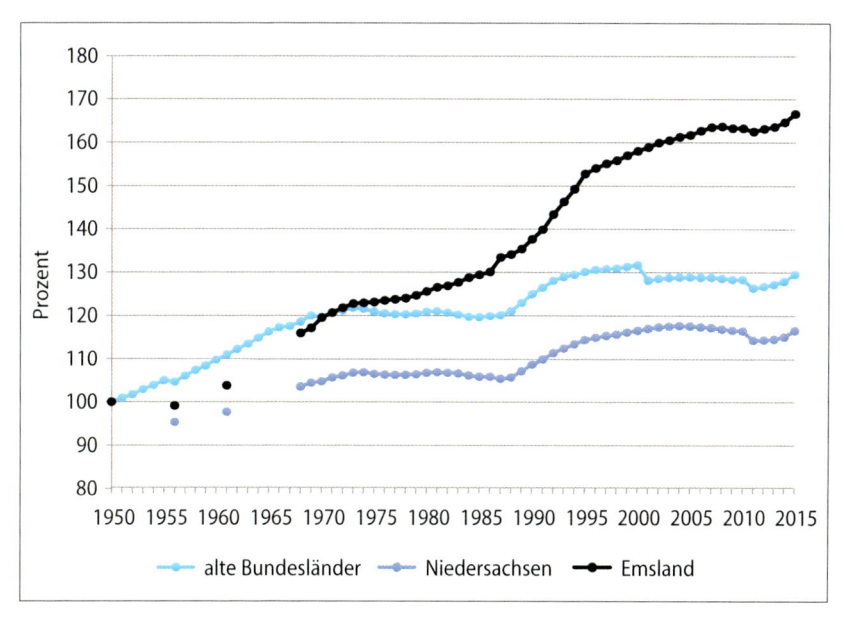

Diagramm: Bevölkerungsentwicklung in Prozent (1950–2015) für alte Bundesländer, Niedersachsen und Emsland.

Abb. 3: Entwicklung der sozialversicherungspflichtigen Beschäftigung

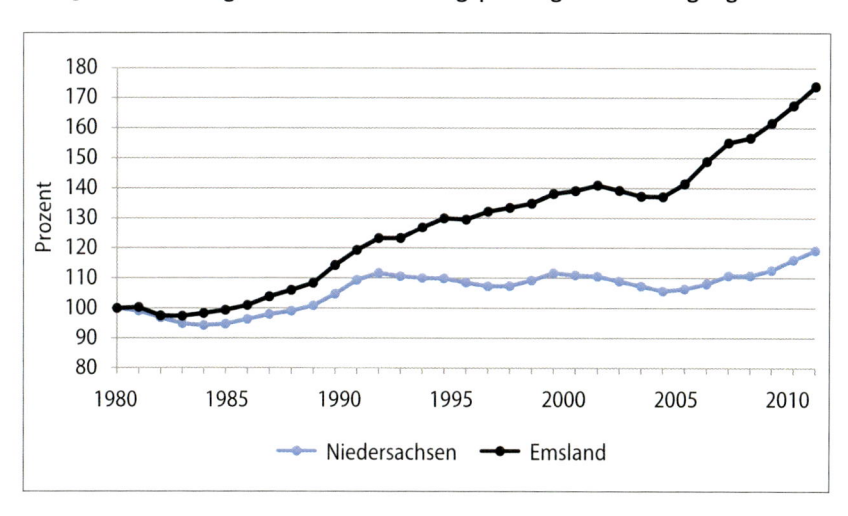

Diagramm: Entwicklung der sozialversicherungspflichtigen Beschäftigung in Prozent (1980–2010) für Niedersachsen und Emsland.

Auch im Emsland wird die Gesellschaft seit Jahrzehnten durch den demographischen Wandel stark verändert. Der positive natürliche Bevölkerungssaldo – also eine höhere Zahl von Geburten als von Sterbefällen – bildete lange Zeit den Hauptgrund für das emsländische Bevölkerungswachstum. Die überdurchschnittlich hohen Geburtenzahlen lassen sich für das Emsland sogar bis ins 19. Jahrhundert und weiter zurückverfolgen. Deutschland hingegen zeichnete sich insgesamt seit den 1970er-Jahren durch ein Geburtendefizit aus. Im Emsland gingen die Geburtenüberschüsse erst ab Mitte der 1990er-Jahre kontinuierlich zurück. Aufgrund des ursprünglich hohen Niveaus der Geburten gab es in der Region noch bis zum Jahre 2008 einen positiven natürlichen Bevölkerungssaldo. Seitdem ist auch im Emsland jedes weitere Bevölkerungswachstum auf einen positiven Wanderungssaldo zurückzuführen.

Aufgrund des lange Zeit positiven natürlichen Bevölkerungssaldos zeichnet sich die Bevölkerung des Emslands durch ein relativ geringes Durchschnittsalter aus. Mit knapp 42 Jahren im Jahr 2014 liegt es sogar noch unter dem Mittelwert der großstädtischen Kreise, die seit 2007 aufgrund der Zuwanderung junger Menschen ein geringeres Durchschnittsalter aufweisen als die übrigen Kreistypen. Allerdings ist zu erkennen, dass diese Besonderheit des Emslandes langsam schwindet. 1995 betrug der durchschnittliche Altersunterschied zwischen dem Emsland und anderen dünn besiedelten ländlichen Räumen insgesamt noch 3,6 Jahre, bis 2014 hat sich dieser Abstand auf 2,4 Jahre verringert.

Seit Ende der 1980er-Jahre kamen verstärkt Spätaussiedler nach Deutschland, von denen viele im Emsland eine neue Heimat fanden (Abb. 4). Die Zu- und Fortzugsrate im Emsland passte sich, nach der Phase des Spätaussiedlerzuzuges in den 1990er-Jahren, innerhalb von zehn Jahren dem Durchschnitt der dünn besiedelten ländlichen Kreise an.

Das Emsland ist eine Zuzugsregion, der Gesamtwanderungssaldo ist positiv. Allerdings ist dies kein besonderes Charakteristikum der Region, die Zu- und Fortzugsrate für das Emsland liegen im Durchschnitt dünn besiedelter ländlicher Kreise. Viele junge Emsländer verlassen zum Studium oder auch aufgrund der besseren Verdienstmöglichkeiten in Großstädten die Region. Die Dynamik in der Binnenwanderung hat in den letzten Jahren deutlich zugenommen. Allerdings gleicht sich der Zu- und Fortzug deutscher Staatsbürger

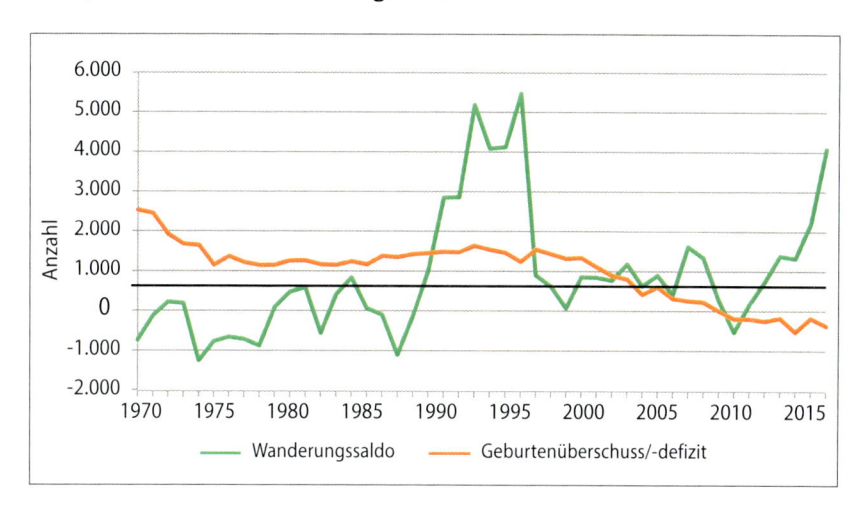

Abb. 4: Geburten- und Wanderungssalden

[Liniendiagramm: Anzahl (-2.000 bis 6.000) von 1970 bis 2015; Wanderungssaldo (grün) und Geburtenüberschuss/-defizit (orange)]

in etwa aus, weshalb die mit Abstand höchsten Wanderungsgewinne aus dem beträchtlichen Zuzug ausländischer Mitbürger resultieren (Landkreis Emsland 2016, S. 19ff..). Dadurch erhöht sich der Ausländeranteil der emsländischen Bevölkerung. Diese Zunahme war insbesondere zwischen 1990 und 1992 sehr hoch (Landkreis Emsland 2016, S. 35).

Von 2000 bis 2005 übersiedelten besonders viele Niederländer in das Emsland. Der Zuzug aus den Niederlanden hat aber inzwischen stark nachgelassen. Dennoch stellen „diese überwiegend in Grenznähe wohnenden und häufig noch in den Niederlanden arbeitenden Personen [...] die stärkste Gruppe innerhalb der Ausländer im Emsland" (Landkreis Emsland 2016, S. 35). Den größten Kreis an Personen, die aus einem anderen Staat zugezogen sind, stellen aber nach wie vor die Spätaussiedler (Landkreis Emsland 2016, S. 39).

Im Jahr 2008 brach der kontinuierliche Zuzug in die Region ein. Dies lässt sich auf die ökonomische Krise zurückführen, die der Wirtschaft im Jahre 2009 den stärksten Einbruch seit der Nachkriegszeit bescherte. Aber ab 2011 geht es wieder verstärkt „aufwärts" – und derzeit lässt sich kein Ende der „Erfolgsgeschichte Emsland" absehen. Doch der Weg dahin war keineswegs vorgezeichnet. Noch in den 1950er-Jahren lebten die Emsländer wie in der

Vorkriegszeit. Der Landschaftsraum besteht aus eher schlechten, für die agrarische Nutzung nur bedingt geeigneten Böden (durchschnittlich etwa 35 Bodenpunkte). Trotzdem war das Emsland noch bis weit in die Mitte des 20. Jahrhunderts stark von der Landwirtschaft geprägt.

Im Mittelalter entstanden in dem Gebiet ein kleines weltliches und ein großes kirchliches Territorium. Der zum Bistum Münster gehörende Besitz ging der Kirche erst Anfang des 19. Jahrhunderts im Rahmen einer Säkularisierung verloren. Das weltlich regierte Gebiet hatte im 16. und 17. Jahrhundert mehrfach wechselnde Herrschaften und kam zu Beginn des 18. Jahrhunderts an Preußen. Große Teile des ehemals kirchlichen Besitzes bekamen 1803 für kurze Zeit einen weltlichen Herrscher, bevor das gesamte Territorium erst hannoversch und dann preußisch wurde. Beide alt-emsländischen Territorien einte ihre Randlage ebenso wie die geographische Ferne zu ihren jeweiligen Landesherren (Das Emsland, S. 30, 34f.; Kreisbeschreibung Emsland S. 18ff.).

Allgemein war der nordwestdeutsche Raum in erster Linie auf die Produktion land- und forstwirtschaftlicher Erzeugnisse ausgerichtet. Die Mechanisierung der Landwirtschaft und auch eine damit einhergehende Industrialisierung begannen im Emsland verspätet, ebenso wie die Erzeugung von industriellen Gütern. Die Bevölkerung siedelte lange Zeit bevorzugt an Ems und Hase. Die alteingesessenen Bewohner der Bauerndörfer und der Städte entlang der beiden Flüsse Hase konnten sich – trotz der kargen Böden – einen gewissen Wohlstand erarbeiten, doch die vielen Neusiedler am Rande der Dörfer und in den Moorkolonien verarmten zunehmend.

Eine regionale Besonderheit hatten die beiden historischen emsländischen Territorien gemein. In ihnen lebte eine große unterbäuerliche Bevölkerungsschicht mit eingeschränkten Rechten, die Heuerlinge oder Heuerleute. Auch die Säkularisierung, die mehrfachen Änderungen in den regionalen herrschaftlichen Besitzverhältnissen sowie die politischen und gesellschaftlichen Entwicklungen des 19. Jahrhunderts, schafften das sogenannte Heuerlingswesen nicht ab (Das Emsland, S. 31, 51ff.; Kreisbeschreibung Emsland, S. 276ff.).

Das gesamte Emsland war über Jahrhunderte eine Warendurchgangslandschaft mit der Ems als wichtigster Verkehrsverbindung. Im 19. Jahrhundert regten jedoch weder der Bau der Eisenbahn noch des Dortmund-Ems-Kanal eine nennenswerte Industrialisierung des Landes an. Insgesamt war das Gebiet in der Fläche verkehrstechnisch mangelhaft erschlossen. Durch die bescheidenen Wegeverhältnisse waren die Bauerndörfer meist schlecht zugänglich und so konnte sich indessen in ihnen eine eigenständige dörfliche Kultur entwickeln.

Noch am Vorabend des Zweiten Weltkrieges war das Emsland eine rückständige Region, obendrein agrarisch unterentwickelt, mit schlechten Böden und wenig Industrie, zu großen Teilen bewohnt von einer ärmlich lebenden Bevölkerung. Das Landschaftsbild wurde bestimmt durch unwirtliche, unerschlossene Moorgebiete sowie teilweise versandete, fast baumlose Heideflächen. Zum Ende des Zweiten Weltkrieges, als zunächst die ausgebombten Bewohner der Großstädte, dann erste Flüchtlinge und Vertriebene aus den deutschen Ostgebieten kamen, hatte sich die Situation nicht wesentlich geändert, auch noch zu Beginn der 1950er-Jahre nicht. Die emsländische Bevölkerung lebte sogar noch bis weit in die 1950er- respektive 1960er-Jahre hauptsächlich von der Erzeugung landwirtschaftlicher Produkte.

Das Emsland dieser Epoche blieb überwiegend katholisch, wenngleich mit einer etwas größeren evangelischen Minderheit als vor dem Zweiten Weltkrieg. Es war geburtenstark und besaß eine große unterbäuerliche Bevölkerungsschicht. Nach wie vor wurde die Region in der Außensicht stets als zurückgeblieben und entwicklungsbedürftig beschrieben, nicht zuletzt weil die jeweiligen Regierungen sie ohne Unterschied über die Jahrhunderte hinweg vernachlässigt hatten. Das Straßennetz war veraltet, öffentliche Einrichtungen, wenn überhaupt vorhanden, unzureichend und keineswegs für eine Massenzuwanderung gerüstet. Viele der Bauernhöfe wirtschafteten noch ohne Elektrizität und die Städte, ebenso wie die kleineren Ortschaften, besaßen kaum zentrale Trinkwasserversorgungen – von genügend Wohnraum ganz zu schweigen. Die Heuerleute waren noch bis in die späten 1950er-Jahre im Emsland anzutreffen. Armut und Not prägte besonders diese Bevölkerungsgruppe ebenso, wie die Einwohner der Moorsiedlungen. Somit besaß die große Mehrheit der Emsländer nicht mehr als das Existenzminimum. Viele Bewohner waren als Kleinstellenbesitzer zugleich in den Wirtschaftsbetrieb der Vollbauern integriert (Das Emsland, S. 51ff.; Kreisbeschreibung Emsland, S. 431ff., 581f.). Alltag hieß für sie permanentes Arbeiten. Der Katholizismus festigte zudem die sozialen Hierarchien. Es scheint offensichtlich: Aus den vorindustriellen sozialen Gegebenheiten resultiert eine besondere regionale Arbeitsethik.

Insgesamt haben verschiedene exogene Faktoren auf die Entwicklung des Emslandes eingewirkt. So zu Beginn des 19. Jahrhunderts die Säkularisierung und kurze Zeit später die staatliche Neuordnung nach dem Wiener Kongress sowie nach 1866 die Eingliederung der gesamten Region ins Königreich Preußen. Das 20. Jahrhundert kennzeichnen nach 1949 die Aufnahme von Flüchtlingen und Heimatvertriebenen, ab 1950 respektive 1951 die großangelegte Moorkultivierung zur Schaffung von Siedlungs- und Gewerbeflächen sowie der Ausbau der Infrastruktur als Folge des Emslandplans und dann die Ansiedlung von Großindustrie ab Mitte der 1960er-Jahre. Die Zusammenlegung der drei ehemaligen Landkreise Lingen, Meppen und Aschendorf-Hümmling zum Landkreis Emsland am 1. August 1977 war – eher ungewöhnlich für derartige Maßnahmen – identitätsstiftend, schuf „den Emsländer" (Kreisbeschreibung Emsland, S. 18ff.). Die Einwanderung und Eingliederung der Spätaussiedler in den 1990er-Jahren hat die für das Wirtschaftswachstum notwendige Arbeitskraft bereitgestellt. Und der Lückenschluss der A 31 im Jahre 2004, dessen Planungskosten das Emsland selbst vorfinanzierte, unterstreicht die Tatkraft emsländischer Akteure.

Die deutlich gestiegene Lebensqualität im Emsland ist auf die gute wirtschaftliche Entwicklung zurückzuführen. Die Emsländer schätzen die Vereinbarkeit von Familie und Beruf in ihrer Region und die kurzen Wege ins Grüne. Der Erfolg der emsländischen Firmen sei der Tüchtigkeit der vorangegangenen Generation zu verdanken – sagen die Emsländer –, welche die Chancen, die ihr geboten wurden, am Schopfe gepackt und viele kleine und größere Betriebe gegründet habe. Die Wirtschaft des heutigen Emslandes zeichnet sich durch einen breitgefächerten Branchenmix aus, in dem große Unternehmen aus der Maschinen-, aus der Fahrzeug- und aus der Schiffbaubranche ebenso zu finden sind wie mittelständische Spezialbetriebe. Die Energiewirtschaft betreibt nicht nur ein Kernkraftwerk, sondern investiert auch in Solarenergie. Alleine 46 der im Emsland beheimateten Betriebe haben mehr als 250 Mitarbeiter. Diese Verhältnisse ermöglichen den Arbeitnehmern sowohl die Weiterqualifizierung, einen Wechsel innerhalb der Region als auch den Aufstieg innerhalb eines ansässigen Unternehmens. Und es gibt immer noch – trotz erfolgreichen Strukturwandels – rund 4.000 Bauernhöfe.

81 Prozent der Emsländer wohnen im Eigenheim. Der Landkreis bietet Betreuungseinrichtungen für Jung und Alt, Grund- und weiterführende Schulen, Ganztagsschulen und eine Hochschule in Lingen (24 Stunden Emsland, Titel; Kreisbeschreibung Emsland, S. 18ff.). Das Vereinsleben wird in der Region „hochgehalten". Die Bewohner gelten als freundlich, hilfsbereit und offen. Ein junger Emsländer aus einer alteingesessenen Familie formulierte es so: „Erst will keiner ins Emsland und wenn sie erstmal da sind – insbesondere die Familien –, will keiner mehr weg".

Gibt es nun die spezifische emsländische Gesellschaft? Und was genau hält die emsländische Gesellschaft zusammen? Ist das regionale Gemeinschaftsgefühl Basis für eine besondere Wirtschaftsethik? Um dies herauszufinden, wurden im Emsland unter anderem 19 qualitative leitfadengestützte Interviews geführt. Der folgende Abschnitt ist ein „Destillat" einschlägiger Aussagen.

Insgesamt lässt sich die emsländische Gesellschaft, damals wie heute, mit den Worten wertkonservativ, traditionsbewusst und fest im katholischen Glauben stehend beschreiben. Allerdings sind in der heutigen diversifizierten Gesellschaft diese Begriffe weniger strikt zu verwenden. Da im Emsland immer noch hauptsächlich Männer die Entscheidungsfunktionen besetzen, kam bei den Interviews nur eine Frau zu Wort. Schon im ersten Interviewteil, nach den gesellschaftlichen Entwicklungen befragt, kamen viele Interviewpartner sehr schnell auf die prosperierende Wirtschaft und den Emslandplan zu sprechen. Unsere Untersuchungen zeigen, dass das Handeln für die Gemeinschaft und in der Gemeinschaft im Emsland eine wichtige Bedeutung besitzt, ohne dass diese stets reflektiert wird. Die Menschen empfinden keinen Widerspruch dabei, erfolgreich zu sein und dabei „Gutes zu tun". Sie setzen sich offenkundig gern für ihre Heimat ein.

Durch ein entbehrungsreiches Leben in der Vergangenheit, denn lange Zeit galt das Emsland als extrem rückständig, und aus der Notwendigkeit heraus, zusammenzuhalten, wurde der „emsländische Charakter" geformt – so die Emsländer. Diesen Schluss lassen zumindest die Antworten aus den verschiedenen Interviews zu. Die Menschen nahmen demnach schon seit jeher ihre Situation an und klagten nicht, sondern machten das Beste daraus. Da sie sich in der Vergangenheit außerdem mit jedem Herrschaftswechsel nach ihren neuen Landesherren richten mussten, besitzen sie überdies eine große Anpassungsfähigkeit. Sie sagen von sich selbst, sie seien flexibel und in der Lage, sich schnell auf neue Gegebenheit einzustellen. Und die Menschen waren und sind offensichtlich bereit, in schwierigen Zeiten zu teilen. Die Bessergestellten sorgten sich schon traditionell um das Gemeinwohl aller – so ein wesentliches Ergebnis der Interviews.

Die Landwirtschaft war lange Zeit die Lebensgrundlage der dörflichen Gemeinschaften, auch um die unterbäuerliche Schicht eines Dorfes wurde sich gekümmert. In den kleinen, vielfach abgelegenen, nur über schlechte Wege zu erreichenden Ansiedlungen besaß jedes Dorf eine eigene Kirche, eine Schule und eine Kneipe. Die daraus erwachsenen Gemeinschaften machten die Bewohner und damit auch die kleinen Orte der Region stark – so der Tenor in den Interviews.

In der Selbstbeschreibung der Emsländer, in ihrer Geschichtsnarration, leitete die Umsetzung des Emslandplans, der mit einer großflächigen Moorkultivierung begann, die rasante Entwicklung ein. Mit der Kultivierung der Moore sollten Gewerbe- und Siedlungsflächen, unter anderem für die Flüchtlinge und Heimatvertriebenen der Nachkriegszeit, geschaffen werden. Außerdem wurde die Verkehrsinfrastruktur ausgebaut und ein dichterer Industriebesatz für die Region war vorgesehen. Die vielen Flüchtlinge und Heimatvertriebenen wurden zwar zu Beginn eher zögerlich aufgenommen, doch war man schließlich bereit, sich auf die Neuen einzulassen. Durch die Zuwanderung nach dem Zweiten Weltkrieg wurde das überwiegend katholische Emsland „evangelischer" – und offener. Die allgemeinen gesellschaftlichen Veränderungsprozesse jedoch setzten im Emsland verzögert zu den urbanen Räumen Deutschlands ein, verliefen dann aber ähnlich. Auch im Emsland nahm der gesellschaftliche Wandel nach den 1970er-Jahren an Fahrt auf.

Wirtschaftlich entwickelte sich das Emsland different. In Papenburg prosperierten der Torfabbau und der Schiffbau – heute ist die Meyer-Werft der größte Arbeitgeber der Region. In Haren dominierte die Schifffahrt und heutzutage gehört die 20.000-Einwohner-Stadt zu den drei größten Reedereistandorten Deutschlands. In Werlte und Aschendorf blühte der Handel, Haselünne stellte Branntwein her, damals wie heute, Lingen besaß durch das Eisenbahnausbesserungswerk industrielle Arbeitsplätze, in Emsbüren waren Handel und Gewerbe stark, in Spelle produzierte man Landmaschinen und dort ist heute die Krone-Gruppe ansässig – um nur einige Beispiele zu nennen. Viele der kleinen Betriebe konnten im Laufe der Zeit mit Nischenprodukten groß werden.

Die emsländischen Sportvereine leben auch stark von der Aktivität ehemaliger Flüchtlinge und Heimatvertriebener, denen es jedoch erst nach dem allgemeinen gesellschaftlichen Wandel gelang, auch in den Traditionsvereinen Fuß zu fassen. Für die Spätaussiedler der 1990er-Jahre war die Integration über die Musik- und Sportvereine der Region der gangbare Weg. Nach manchen Anlaufschwierigkeiten gilt für die Emsländer heute: „Die Spätaussiedler waren für die Region genau so gut wie die Flüchtlinge und Heimatvertriebenen der 1950er-Jahre".

Die Interviewten waren sich fast durchweg einig, dass die emsländische Erfolgsgeschichte aus dem Zusammenspiel von kommunaler Politik und regionaler Wirtschaft entstanden ist. Die Forschung fragt, ob nicht eine typische emsländische „Mentalität" ihren Teil zur Aufwärtsentwicklung beitrug, tut sich jedoch schwer mit der Entscheidung, ob es eindeutig zuzuschreibende regionale Identitäten überhaupt gibt. Eine in sich geschlossene Theorie dazu existiert nicht. Zumeist wird auf die extrem hohe Komplexität hingewiesen, die nur assoziative Annäherungen ermöglicht. Für das moderne Emsland lässt sich festhalten: Außergewöhnlich viele Menschen, die heutzutage in der Region leben und diese aktiv mitgestalten, sind begeistert von den Möglichkeiten zur Teilhabe in ihrem Landkreis und nutzen diese auf den unterschiedlichsten Wegen – im Verein, in der kommunalen Politik oder einfach nur, indem sie das Gespräch mit den regionalen Verantwortlichen aus Gesellschaft, Wirtschaft oder Politik suchen.

Bodensee-Oberschwaben

Der Landschaftsname Oberschwaben bürgerte sich ursprünglich für ein Gebiet ein, das westlich von der Schwäbischen Alb und östlich von der Iller begrenzt wurde sowie nördlich von der Donau und südlich vom Bodensee. Im 19. Jahrhundert verengte sich der so bezeichnete Raum auf das neu württembergisch gewordene Oberschwaben. Landschaftlich gesehen ist es ein Teil des Alpenvorlandes, zumeist sanft gewellt, durchsetzt mit Hoch- und Niedermooren, Seen, Grünland und Wäldern. Das nördliche Alpenvorland befindet sich in einem Übergangsgebiet vom ozeanisch geprägten Klima mit milden Wintern und gemäßigten Sommern zum kontinental geprägten Klimabereichen, die bestimmt werden von heißen Sommern und kalten Wintern (Ott: Oberschwaben, S. 11f.; Eitel, Kuhn: Oberschwaben, S. 7ff.).

Unser Untersuchungsgebiet Bodensee-Oberschwaben umfasst den Landkreis Ravensburg und den Bodenseekreis. Diese Region ist durch eine polyzentrische Städtestruktur geprägt. Die wichtigsten städtischen Zentren, allesamt Mittelstädte, sind: Friedrichshafen (ca. 60.000 Einwohner), Ravensburg (ca. 50.000 Einwohner) und Weingarten (ca. 24.000 Einwohner). In der Region wohnen insgesamt knapp 500.000 Einwohner auf einer Fläche von 2.300 Quadratkilometern, sodass es doch eine relativ dichte Besiedelung gibt. Seit 1952 gehört Oberschwaben zum Bundesland Baden-Württemberg.

Die Region weist nicht nur keine größeren Städte auf, sondern die Erreichbarkeit der nächsten größeren Zentren oder Metropolen ist eher ungünstig: Die Erschließung der Region durch die Eisenbahn darf man als „mäßig" charakterisieren (weithin fehlende Elektrifizierung, keine ICE-Verbindungen), ähnliches gilt für den Straßenverkehr, nur am Rande tangiert eine Autobahn den Raum. Der Bodensee und die Alpen als natürliche Barrieren erschweren zudem die Erreichbarkeit der Region durch den Fernverkehr.

Demgegenüber weist die Region für einen metropolenfernen Raum bemerkenswerte Hochschulen, etwa in Ravensburg-Weingarten sowie in Friedrichshafen, ebenso auf wie eine leistungsstarke industrielle Struktur mit diversen Global Playern, ansässig insbesondere in Friedrichshafen. Zusammenfassend ist festzustellen, dass die Region zwar eindeutig „metropolenfern" ist, allerdings

Abb. 5: Das Untersuchungsgebiet

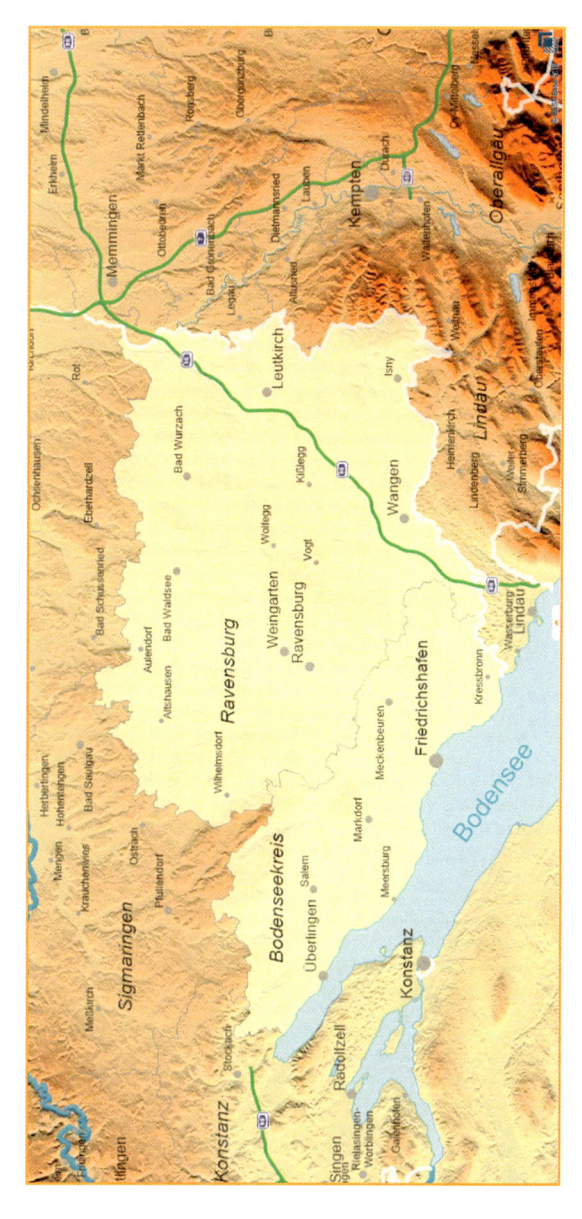

nicht als klassischer ländlich-peripherer Raum bezeichnet werden kann. Die Siedlungsdichte und die mittelgroßen städtischen Zentren verleihen Bodensee-Oberschwaben auch ein städtisches Gepräge, ebenso wie die bemerkenswerten Hochschul- und insbesondere Industriestrukturen.

Ein Blick in die Geschichte zeigt, dass die Region als gutes Beispiel für „Kleinstaaterei" in Deutschland gelten kann. So gab es bis zum Anfang des 19. Jahrhunderts eine Vielzahl freier Reichsstädte sowie bedeutende Klöster und Adelssitze mit entsprechenden Privilegien. Allerdings wurde immer wieder der Wert von kooperativem Verhalten erkannt, um vor dem Hintergrund dieser Gemengelage und Kleinteiligkeit auch überregional politisches Gehör zu finden. Auch nach der Säkularisierung zu Beginn des 19. Jahrhunderts kann weiterhin von einer stark katholisch geprägten Region gesprochen werden, die allerdings nun, als Teil des Königreichs Württemberg, unter protestantischer Herrschaft stand. Der Konfessionsunterschied wurde zu einem wesentlichen Unterscheidungsmerkmal zwischen den neuwürttembergischen Oberschwaben und den Altwürttembergern. Für die Herausbildung der oberschwäbischen Gesellschaft insgesamt war das Jahrhundert durch Säkularisierung, Mediatisierung und Integration ins Königreich Württemberg prägend. Besonders die Opposition gegenüber der neuen Herrschaft, also dem Königreich Württemberg oder genauer dem Altwürttembergischen, einte die Oberschwaben seinerzeit (Eitel, Kuhn: Oberschwaben, S. 133f.).

Grundsätzlich fühlte sich die Bevölkerung des Raumes kulturell wie wirtschaftlich eher den Vorarlbergern, Schweizern und Italienern verbunden, da die Erzeugnisse der Region von alters her überregional auf den Märkten im Bodenseeumland und darüber hinaus angeboten wurden. Traditionell orientiert sich der Verkehr Oberschwabens daher in Richtung „schwäbisches Meer". Schon seit Jahrhunderten verliefen zwei wichtige Fernhandelsstraßen durch Oberschwaben und das westliche Allgäu. Der Zustand der oberschwäbischen Straßen, auch der vielbefahrenen Fernstraßen, sorgte noch im 19. Jahrhundert für großen Unmut. Bei anhaltendem Regen waren die nur mit Kies befestigten Straßen schnell aufgeweicht und noch schlechter passierbar. Die Flüsse der Region besaßen in dieser Epoche als Verkehrswege nur eine untergeordnete Funktion. Mit dem Aufkommen der Eisenbahn Mitte des Jahrhunderts hatte auch der Gütertransport auf der Straße weitgehend ausgedient, denn der Schienenweg war die schnellere Alternative. Der Gütertransport per Schiff über den Bodensee hingegen stieg durch die Eisenbahn deutlich an. Auf den Transportlisten der Dampfschiffe in Richtung Süden stand nicht nur oberschwäbisches Getreide, sondern auch Pferde, Rinder, Schweine, Schafe, Ziegen, Hunde, Kaufmannsware, Hülsenfrüchte, Butter, Schmalz, Brennholz, Bretter, Dielen, Pfähle und Torf gehörten dazu (Eitel: Oberschwaben, S. 175ff., 212ff., 222f.; Eitel, Kuhn: Oberschwaben, S. 78f., 133 f., 152f.).

Die Region hat immer wieder Hochphasen wirtschaftlicher Prosperität, etwa durch intensiven Außenhandel, erlebt. Schon im Spätmittelalter befand sich Oberschwaben an einer Hauptachse des Welthandels vom Mittelmeer zum Nord- und Ostseeraum. Gegen Ende des 14. Jahrhunderts waren große Kapitalgesellschaften, die aus dem Zusammenschluss mehrerer im Fernhandel tätigen Familienunternehmen hervorgingen, für die Durchführung der Handelsgeschäfte, aber auch für die arbeitsteilig organisierte Produktion zuständig. Der spätmittelalterlichen Handels- und Produktionsdynamik folgte ab der Frühen Neuzeit in Oberschwaben eine ökonomische Flaute, die ab dem späten 18. respektive im 19. Jahrhundert in eine produktions- und handelswirtschaftliche Stagnation mündete (Eitel, Kuhn: Oberschwaben, S. 74ff.).

Ein flächendeckender Industrialisierungsprozess erfolgte in der Region relativ spät. Erste Impulse dafür waren die Süd-Bahn und Schweizer Kapital. In Oberschwaben, einschließlich der württembergischen Bodenseeregion, besaßen dann im 19. sowie im frühen 20. Jahrhundert nur die Städte Ravensburg und, etwas zeitversetzt, Friedrichshafen im nennenswerten Maße Industriebetriebe, obwohl sich auch in den anderen Städten und Gemeinden der Region vereinzelt Industrie ansiedelte. Besonders herauszustellen ist die Industrialisierung der Stadt Friedrichshafen zu Beginn des 20. Jahrhunderts, die insbesondere mit der Person des Grafen Zeppelin verbunden ist (Danielzyk, Friedsmann, Köhler 2017).

Außerhalb der Städte war jedoch bis weit ins 20. Jahrhundert die bäuerliche Lebenswelt mit ihrem jahreszeitlichen Arbeitsrhythmus stets präsent. Reibungspunkte zwischen städtischer und ländlicher Bevölkerung gab es wenige, aber innerhalb der ländlichen Bevölkerung existierte ein starkes soziales

Gefälle. Die Bedeutung des oberschwäbischen Bauerntums blieb noch im 19. Jahrhundert unverändert hoch und im Wesentlichen sogar bis in die Zeit nach dem Zweiten Weltkrieg für die Region bestimmend. Als sich im 19. Jahrhundert das Vereinswesen in der heute üblichen Form in Deutschland etablierte, lagen in Oberschwaben besonders in den verenödeten ländlichen Gemeinden viele Einzelhöfe so abgelegen, dass Zusammenkünfte der ansässigen Bevölkerung sich zumeist auf kirchliche Veranstaltungen beschränkten (Eitel: Oberschwaben, S. 124ff., 186, 201ff., 212ff., 222f., 279ff.; Eitel, Kuhn: Oberschwaben, S. 133f.).

Oberschwaben war noch Ende des 19. Jahrhunderts eine vergleichsweise dünn besiedelte Region. Doch schon im Verlauf der folgenden Jahrzehnte entwickelten sich die oberschwäbischen Bevölkerungszahlen stetig positiv. Die Bevölkerung von Weingarten zum Beispiel wuchs in diesem Zeitraum etwa um ein Viertel und die Bevölkerung von Friedrichshafen sogar um fast 70 Prozent. Der enorme Bevölkerungszuwachs von Friedrichhafen nach 1950 ist darauf zurückzuführen, dass erst dann eine Rückkehr der evakuierten Stadtbevölkerung in die im Krieg stark zerbombte Stadt möglich war. Das Bevölkerungswachstum in der Stadt Ravensburg konnte in den 1950er-Jahren mit der Entwicklung in den anderen städtischen Kommunen des Untersuchungsraumes jedoch nicht ganz mithalten (Eitel: Ravensburg, S. 124ff., 201ff., 345ff.).

Aber auch nach 1960 wies der Bodenseekreis ein relativ starkes Wachstum auf, während die Verhältnisse im Kreis Ravensburg denen des baden-württembergischen Landesdurchschnitts entsprachen. Doch überall war hier die Entwicklung „besser" als im Durchschnitt der westdeutschen Länder (Abb. 6).

Ein wesentlicher Faktor für die weithin günstige demographische Entwicklung waren vor allem Wanderungsgewinne, die insbesondere um 1990, ferner nach 2000 und sodann in der jüngeren Vergangenheit sehr prägnant ausfielen. Die natürliche Bevölkerungsentwicklung war demgegenüber in der jüngeren Vergangenheit durch einen Überschuss der Todesfälle gekennzeichnet.

Sehr eindrucksvoll ist die Entwicklung der sozialversicherungspflichtigen Beschäftigung (Abb. 7). Die Verhältnisse in den letzten eineinhalb Jahrzehnten sind im Vergleich mit dem Durchschnitt des Landes Baden-Württemberg als durchweg günstiger zu charakterisieren. Die Entwicklung der Arbeitslo-

Erfolgreiche metropolenferne Regionen

Abb. 6: Bevölkerungsentwicklung seit 1950

— alte Bundesländer — Baden-Württemberg — Ravensburg — Bodenseekreis

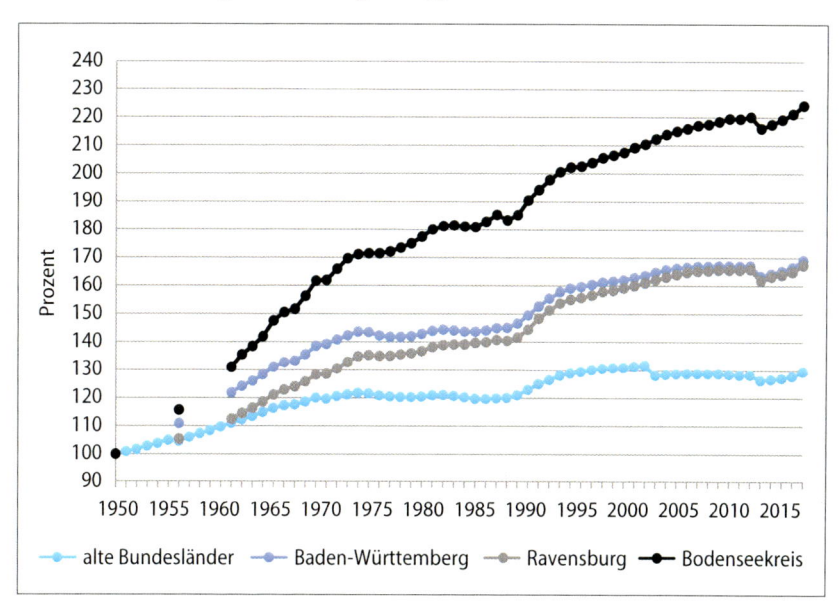

Abb. 7: Entwicklung der sozialversicherungspflichtigen Beschäftigung.

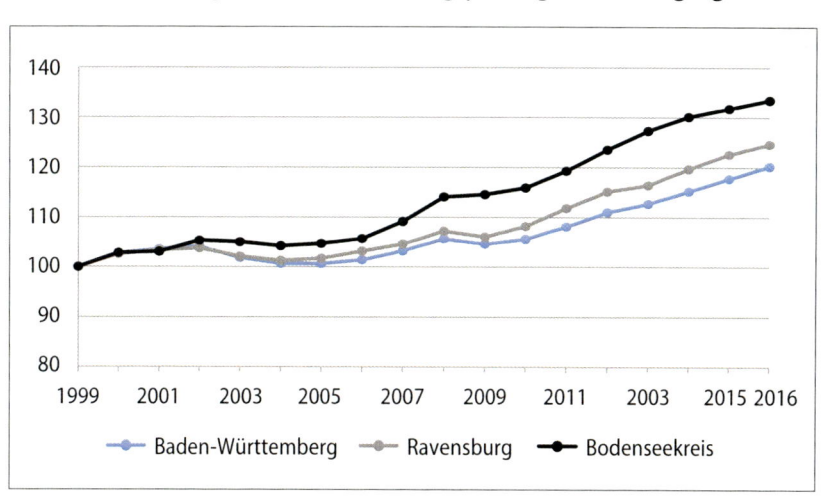

— Baden-Württemberg — Ravensburg — Bodenseekreis

55

senquote verlief zwar insgesamt weitgehend parallel zum Durchschnitt der städtischen Kreise in Deutschland, lag allerdings in absoluten Zahlen mehrere Prozentpunkte unter dessen Niveau.

Im Hinblick auf die für die Regionalentwicklung bedeutsame Innovationsfähigkeit lassen sich insbesondere für den Bodenseekreis ein besonders hoher Anteil an wissensintensiven Industrien, hohe Ausgaben für Forschung und Entwicklung, eine sehr hohe Anzahl an Patentanmeldungen und eine starke Beschäftigung in den sogenannten MINT-Berufen feststellen (Abb. 8). Dazu passt auch eine intensive Gründungstätigkeit.

Die gegenwärtige wirtschaftliche Situation lässt sich insgesamt, aber insbesondere mit Blick auf den Arbeitsmarkt, als sehr gut bezeichnen (Abb. 9a bis e). Auffallend sind die Diversifizierung der Branchen und die Vielfalt der Unternehmen. Gewisse Schwerpunkte gibt es in den Bereichen Maschinenbau, Kraftfahrzeugbau sowie Luft- und Raumfahrt, alle im Bodenseekreis gelegen, sowie im Gesundheitswesen mit Schwerpunkt im Landkreis Ravensburg. In Teilen der Region – namentlich am Bodensee – spielt der Tourismus eine wichtige Rolle, in der gesamten Region auch noch immer die Landwirtschaft.

Zur Analyse der gesellschaftlichen Strukturen und Zusammenhänge wurden im Rahmen des Forschungsprojekts 20 leitfadengestützte Interviews mit Führungspersönlichkeiten aus Politik, Verwaltung, Wirtschaft und Kultur durchgeführt. Einige wesentliche Ergebnisse seien hier zusammenfassend dargestellt:

Die Interviews mit Protagonistinnen und Protagonisten aus unserer Untersuchungsregion ließen die wertkonservative Einstellung sowie die christliche Prägung der regionalen Bevölkerung klar erkennen. Bei den Befragungen wurden die Bewohner der Region allgemein als heimatverbunden, konservativ, bodenständig, sehr religiös, zumeist katholisch, freundlich und zurückhaltend, aber auch ein wenig „renitent" sowie mit Neugierde auf das Tüfteln beschrieben. In der Region wird das Understatement großgeschrieben. Wie im Emsland bekleiden auch im Landkreis Ravensburg und im Bodenseekreis noch vorwiegend Männer zentrale Positionen. Nach wie vor dominiert eine männliche Gesellschaft die Netzwerke innerhalb der beiden ländlich strukturierten Landkreise

Erfolgreiche metropolenferne Regionen

Abb. 8: Beschäftigte mit akademischem Berufsabschluss

● Kreisfreie Großstädte ● Städtische Kreise
● Ländl. Kr. Verdicht.ansätzen
● Dünn besiedelte ländl. Kr.

● Bodenseekreis ● Ravensburg
● Städtische Kreise

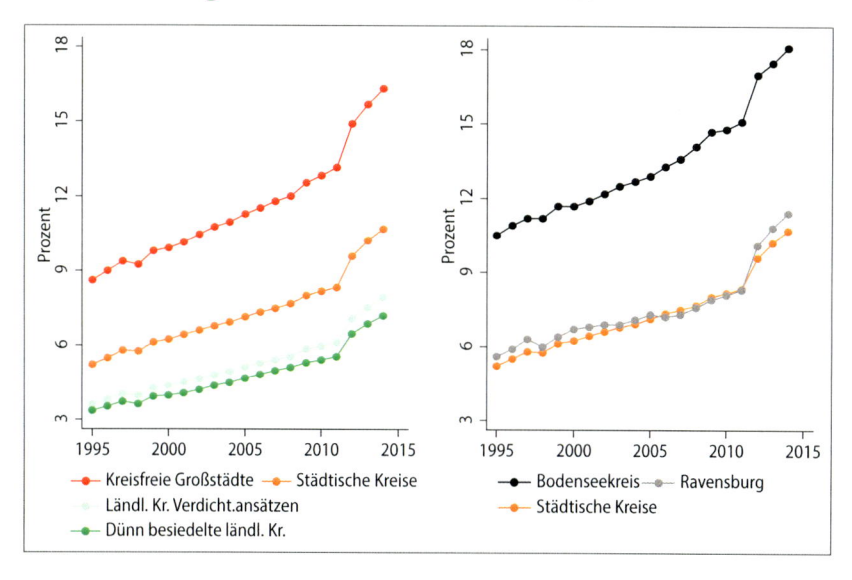

Abb. 9a: Arbeitslosenquote

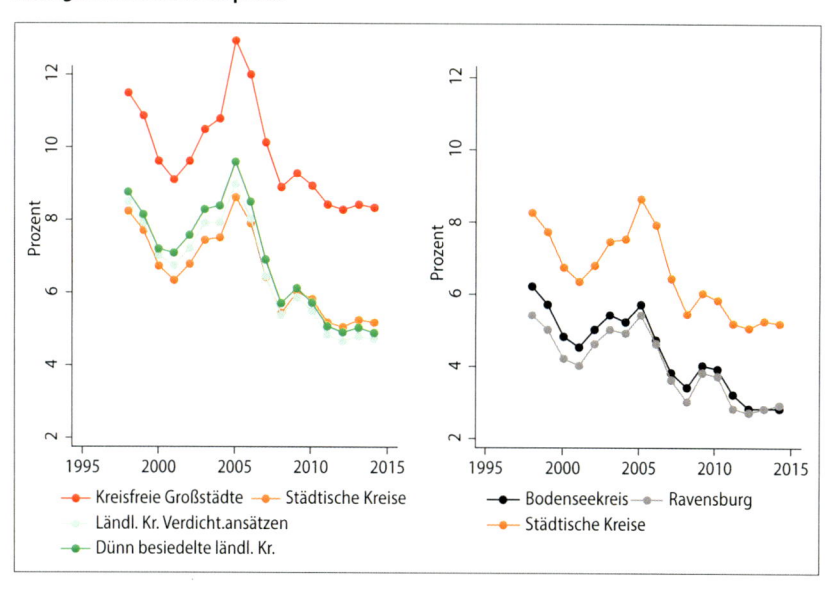

● Kreisfreie Großstädte ● Städtische Kreise
● Ländl. Kr. Verdicht.ansätzen
● Dünn besiedelte ländl. Kr.

● Bodenseekreis ● Ravensburg
● Städtische Kreise

Abb. 9b: BIP pro Einwohner

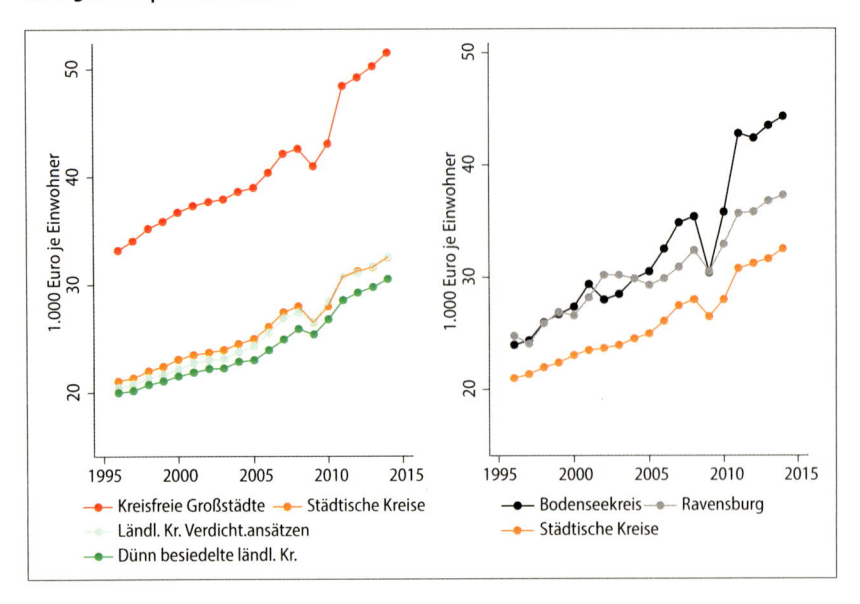

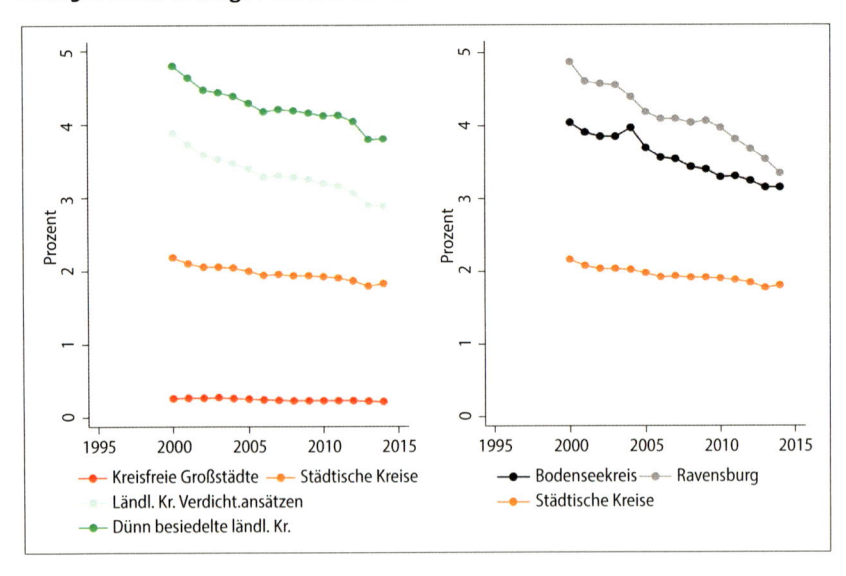

Abb. 9c: Erwerbstätige Primärer Sektor

Erfolgreiche metropolenferne Regionen

Abb. 9d: Erwerbstätige Sekundärer Sektor

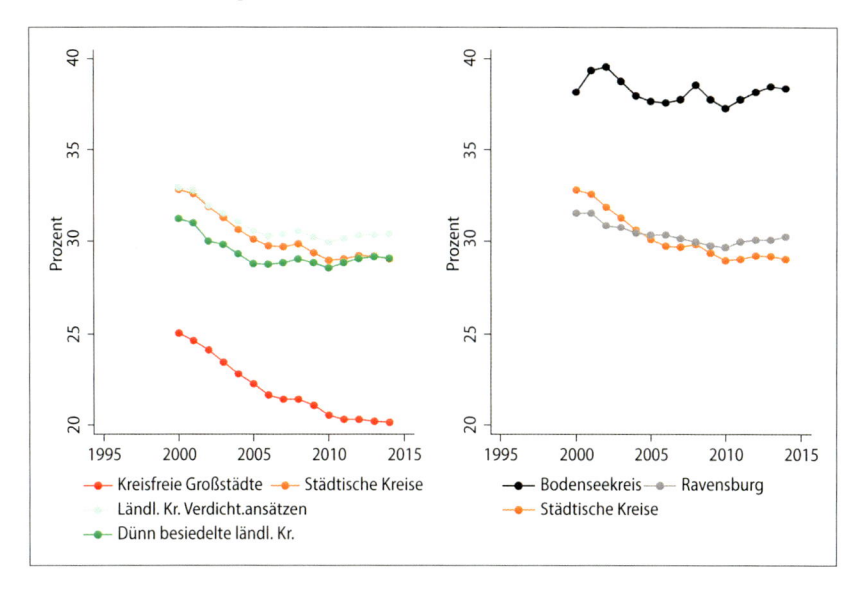

Abb. 9e: Erwerbstätige Primärer Sektor

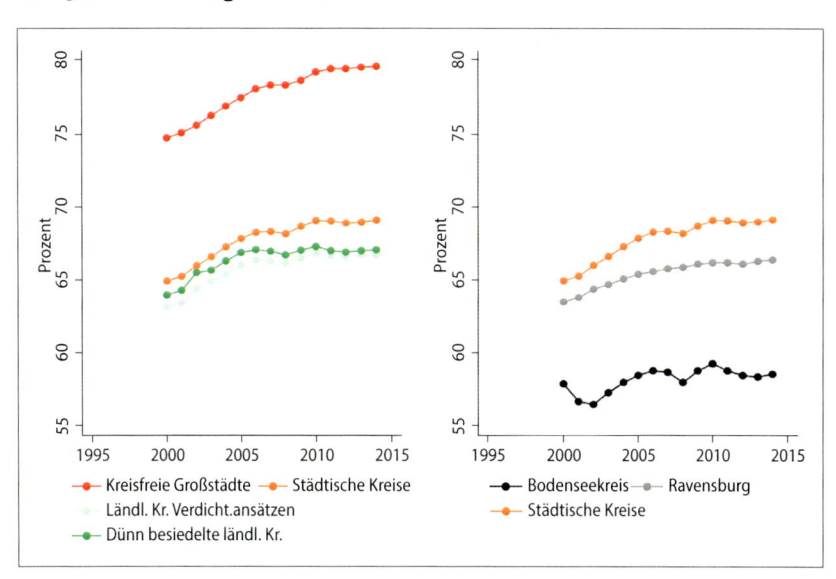

im Süden Deutschlands – auch in den Städten Ravensburg und Friedrichshafen. Doch in einigen der vielen inhabergeführten Betrieben hat inzwischen die nächste Generation das Ruder übernommen – und diese ist zu Teilen weiblich.

In den drei Themenblöcken Gesellschaft, Wirtschaft und Politik wurden die Gesprächspartner zu ihrer persönlichen Einschätzung der regionalen Entwicklung seit dem Zweiten Weltkrieg befragt. Schon im ersten Interviewteil ist dabei deutlich geworden, dass in der Wahrnehmung vor Ort die hohe Lebensqualität innerhalb der Region mit der positiven wirtschaftlichen Entwicklung zusammenhängt. Daher sind auch fast alle Interviewpartner sehr schnell auf den regionalen wirtschaftlichen Erfolg zu sprechen gekommen.

Von besonderer Bedeutung sei für die Region eine Innovationskultur („Tüftlergeist"), die die Bereitschaft einschließe, ökonomische Wagnisse einzugehen. Dabei handele es sich um eine spezifische „oberschwäbische Mentalität", die verschiedene Quellen habe, so etwa die stetige Eigenständigkeit der Region in der Vergangenheit, aber etwa auch den „Pioniergeist" des in Friedrichshafen Anfang des 20. Jahrhunderts aktiven Grafen Zeppelin. Alles dieses lebe in der regionalspezifischen Unternehmenskultur fort. Besonders wird dabei auch auf die Selbstständigkeit der Landwirte hingewiesen, die sich später, nachdem viele landwirtschaftliche Betriebe nicht mehr als alleinige Einkommensquelle ausreichend waren, durch die Arbeit der Teilzeitlandwirte auch in anderen Wirtschaftsbereichen kulturell ausgewirkt habe.

Ein anderer Aspekt sei die in der Region verbreitete Heimat- und Naturverbundenheit, gern als typische Bodenständigkeit beschrieben. Diesen Aspekt könne man durchaus allgemeiner unter dem Oberbegriff wertkonservative Einstellung zusammenfassen. Die Quellen dieser Haltung seien die christlich-katholische Prägung über Jahrhunderte, das Leben in einer außergewöhnlichen Kulturlandschaft und die starke Verankerung der Bevölkerung in landwirtschaftlichen Zusammenhängen. Durch die kleinbetrieblich strukturierte Landwirtschaft und die teilweise noch überkommene kleingewerbliche Struktur in der Nahrungs- und Genussmittelindustrie sei in vielen Haushalten eine enge Verbindung mit der „Natur" gegeben. Diese eher konservativ geprägte Naturverbundenheit könne sich dabei angesichts des gesellschaftlichen Wandels

Erfolgreiche metropolenferne Regionen

auch in der Einführung ökologischer Landwirtschaft niederschlagen („… findet sich auch in den politischen Wahlergebnissen wieder: Schwarz und Grün").

Die Akteure in der Region meinen zu wissen: „Räume und Gesellschaften entwickeln sich nicht gottgegeben, sondern brauchen gewisse Eingangsimpulse." Denn obwohl die beiden hauptsächlich bäuerlich geprägten Landkreise kein unvermögendes Agrarland und die Bauern oft wohlhabend waren, besteht einmütig die Meinung, dass erst die Firmengründungen des Grafen Zeppelin in Friedrichshafen zu Beginn des 20. Jahrhunderts die Keimzelle eines wirtschaftlichen Erfolges seien, welcher weit über die Stadt hinaus strahle. Die Menschen hätten heute Respekt vor dem großen Weltunternehmen ZF Friedrichshafen AG, aber die mittelständischen Unternehmen prägten die Region und „die Kleinen" seien die innovativsten.

Darüber hinaus wird auch die alte Handelsgeschichte Ravensburgs nicht vergessen, die immer wieder angeführt wird, um die Beständigkeit der Stadt als Handelszentrum Oberschwabens zu unterstreichen. Bestimmte Eigenheiten wie Bürgerstolz, Debattenkultur und die Fähigkeit, die Geschicke der Region selbst in die Hand zu nehmen, kämen aus der städtischen Tradition, die ihr bäuerliches Weichbild seit alters her beherrsche. Die Stadt sei schon immer „etwas anders" als ihr weiteres Umland oder gar als Oberschwaben in seiner Gesamtheit gewesen. Ravensburg, zu Beginn des 19. Jahrhunderts verarmt und von seinem wirtschaftlichen Hinterland territorial durch eine kurze bayrische Episode abgeschnitten, schaffte es im Königreich Württemberg erneut, seine handelswirtschaftliche Kompetenz zu unterstreichen und schon im Verlauf des 19. Jahrhunderts wieder tonangebend zu werden.

Als weiterer wichtiger gesellschaftlicher Faktor wird die Verbindung von „Zusammenhalt" und „Weltoffenheit" genannt. Einerseits gebe es eine sicherlich konservative, auf die örtliche Gemeinschaft bezogene Grundeinstellung, die sich aber aufgrund stetiger Zuzüge, nicht zuletzt auch in Folge des Arbeitskräftemangels in der prosperierenden Region, zunehmend weltoffener zeige. Die stetige Zuwanderung in die Region hat vielfältige Impulse gebracht – und obwohl Oberschwaben eher ländlich strukturiert ist, gab es in der Region ab dem 20. Jahrhundert mindestens einen Ausländeranteil in Höhe des Landesdurchschnitts. „Integration ist einfach, wenn sie [die Zuwanderer] ähnliche

Mentalitäten haben, ähnliche Ethnien, ähnliche Religionszugehörigkeit." Das war besonders nach dem Zweiten Weltkrieg und ebenso in den 1990er-Jahren der Fall.

Nach dem Zweiten Weltkrieg war vorerst die Landwirtschaft Oberschwabens Haupteinnahmequelle. Durch die Agrarwirtschaft erlebten die Bewohner der Region eine neue Hochphase. „Man hat zu der Zeit richtig Geld verdient." Ein christliches Weltbild und die bäuerlich-konservativen Wertvorstellungen – besonders auf dem Lande – formten die Einheimischen zu einer geschlossenen Gruppe, die sich nur sehr langsam für Neuerungen öffnen wollte. In den 1970er-Jahren setzte dann ein vielfaches Höfesterben in der Region ein. Die frei werdenden Gehöfte wurden auch von alternativen Lebensgemeinschaften gepachtet, die den Ökolandbau nach Oberschwaben brachten. Die „Freaks der 68er-Generation" des 20. Jahrhunderts lebten in Kommunen; und diese unkonventionellen Lebensentwürfe beeinflussten auch die ländliche Gesellschaft in ihrem Umfeld. Aus den Kommunen „sind viele der heute erfolgreiche Bio-Hersteller entstanden. Die weniger erfolgreichen sind Lehrer geworden." „Superkonventionelle Region – und plötzlich kommen da ein paar Ökos und pachten Betriebe, die keiner mehr will – das war schon ein Kontrast." Für die oberschwäbische Agrargesellschaft brach in den 1970er- respektive 1980er-Jahren ein neues Zeitalter an. Die Agrarwirtschaft war und ist weiterhin in Oberschwaben verwurzelt, aber die mittelständischen Industriebetriebe verleihen der Region ein besonderes Gepräge und generieren den wirtschaftlichen Erfolg.

Auch noch zu Beginn des 21. Jahrhunderts besitzt die Region eine starke christlich-katholische Verbindung zum Bodenständigen. Dazu kommt der Bezug zur Schöpfung und zur Natur – das schafft Heimatverbundenheit. Viele Menschen sind immer noch wertkonservativ, aber extrem offen für Neues. Die dörflich-bäuerliche Gesellschaft, die in der Region dominierend war, konnte sich positiv entwickeln, weil sich die starren Strukturen des katholischen Glaubens langsam auflösten und damit auch die ebenso starren dörflichen Verhältnisse aufbrachen. Das geschah etwa im Zeitraum der 1970er- bis 1990er-Jahre. Die Menschen der Region heute sind stolz auf ihre offene Gesellschaft und ihre besondere Mentalität, sowohl auf dem Lande als auch in der Stadt. Zusammenfassend wird dies daher als ein „Zugleich" von Stadt und Land gedeutet: Die Vorteile der „Nähe zur Natur" in ländlichen Räumen ließen sich vortrefflich mit der Angebotsvielfalt der Städte in dieser Region kombinieren.

Resümee

Das Emsland und der Raum Bodensee-Oberschwaben sind recht unterschiedliche Regionen – diese Hypothese stand als ein für die Auswahl der Untersuchungsgebiete sehr wesentliches Kriterium am Beginn der Projektarbeiten – und sie hat sich, keinesfalls überraschend, bestätigt.

Das Emsland und der Raum Bodensee-Oberschwaben sind individuelle Räume, sie unterscheiden sich tiefgreifend in ihrer naturräumlichen Ausstattung, in ihrer politischen, ökonomischen und sozialen Geschichte und, daraus resultierend, unter anderem in wesentlichen Aspekten ihrer Wirtschafts- und Sozialstruktur der jüngeren Vergangenheit und Gegenwart. Auch eine Verwaltungsreform, die den Raum Emsland unter dem Dach einer einzigen Gebietskörperschaft zusammenführte und deren positive Bedeutung für die regionale Entwicklung die örtlichen Protagonisten durchweg betonen, hat in dieser Form in der Bodenseeregion nicht stattgefunden.

Dennoch sind beide Untersuchungsräume unbestreitbar erfolgreiche „metropolenferne" Regionen. Geht es folglich darum, zumindest erste Hinweise zu erhalten, welche endogenen Eigenschaften, welche Maßnahmen und welche exogenen Bedingungen zum Erfolg beigetragen haben, so lohnt folglich ein Blick auf Ähnlichkeiten oder gar Gemeinsamkeiten.

Beide Untersuchungsräume profitierten im Lauf ihrer Geschichte – und möglicherweise zu jeweils richtungsweisenden Zeitpunkten – von exogenen Einflüssen. Erinnert sei im Fall des Bodenseegebietes an die Eingliederung in das Königreich Württemberg vor dem Beginn der Phase wichtiger ökonomischer Umwälzungen des 19. Jahrhunderts. Für die Entwicklung unseres norddeutschen Untersuchungsraumes spielten beispielsweise die aus der Umsetzung des Emslandplanes nach dem Zweiten Weltkrieg resultierenden Impulse eine zentrale Rolle. Dabei darf nicht übersehen werden, dass exogene Einflüsse in der Regel nicht nur eine Region betreffen, sondern – wie zum Beispiel säkulare Konjunkturen – weithin wirksam werden. Es galt also, exogene Impulse daraufhin zu bewerten, ob sie eine „selektive" Wirkung besitzen, was beim Emslandplan aufgrund seiner räumlichen Beschränkung schon naturgemäß der Fall war.

Bodensee-Oberschwaben wie Emsland besaßen, allerdings in sehr unterschiedlichem Ausmaß, ökonomische Entwicklungsdefizite. Daher ist zu beachten, welcher Anteil einer erfolgreichen Entwicklung auch auf das Moment des Aufholens zurückzuführen ist. Die Perspektive der Statistik zeigt, welche Fehldeutungen hier möglich sind: Ein niedriger Ausgangswert erleichtert eindrucksvolle Steigerungsraten erheblich.

In beiden Räumen spielen noch immer – wenngleich in sehr unterschiedlicher Ausprägung – die Landwirtschaft und das „Dörflich-Ländliche" eine wichtige ökonomische wie insbesondere soziale Rolle. Die Nähe zu einer möglichst intakten Natur, ein Leben in kleineren Siedlungseinheiten mit überschaubaren Nachbarschaften und sozialer Nähe sowie der Alltag in eher traditionellen sozialen Bindungen werden präferiert. In diesem Kontext wirken auch sogenannte weiche Faktoren, die in ihrer Summe wohl unter dem Begriff „Lebensqualität" subsumiert werden können. Eine hohe Lebensqualität ist ein besonders interessantes Kriterium, da ein einschlägiger Befund auch in Regionen festgestellt werden kann, die beispielsweise in ökonomischer Hinsicht keine besonderen Erfolge aufweisen – übrigens ein wichtiges Ergebnis eines der in der Einführung erwähnten „Seitenblicke" der Studie.

Beide Hauptuntersuchungsgebiete weisen tendenziell eine zahlenmäßig positive Bevölkerungsentwicklung auf. Gerade im Emsland fällt auch der bis in die jüngere Vergangenheit vorherrschende Geburtenüberschuss auf, der deutlich im Gegensatz zur bundesweiten Entwicklung jener Zeit steht. Darüber hinaus gelang es sowohl am Bodensee wie an der Ems, Zuwanderer unterschiedlicher Herkunft vorübergehend oder langfristig relativ gut zu integrieren. Dies gilt für die Nachkriegsjahre mit den Flüchtlingen und Vertriebenen ebenso wie für die Phase der Zuwanderung der Aussiedler oder für die Migration der Gegenwart.

Die vom Projektteam interviewten regionalen Akteurinnen und Akteure weisen häufig auf die – nach ihrer Ansicht feststellbaren – charakteristischen Mentalitäten der Menschen aus ihrer jeweiligen Region hin. Ihre Lebenseinstellungen seien ein wesentlicher Erfolgsfaktor und prägten die Entwicklung nachhaltig. So werden gleichsam als Selbstzuschreibung den Bewohnerinnen und Bewohnern des Raumes Bodensee-Oberschwaben die Bodenständigkeit und ein Wertkonservativismus, der auch klassische soziale Rollenverteilungen bewahrt, als typische Charaktereigenschaften zugeordnet, gleichwohl verbunden mit Zügen der Weltoffenheit und der Fähigkeit zu guter Zusammenarbeit. Schon immer hätten Eigenverantwortlichkeit, Bürgerstolz samt ausgeprägter Debattenkultur und der schon sprichwörtliche Tüftlergeist die Menschen hier ausgezeichnet – weitere Ergebnisse müssen an dieser Stelle nicht wiederholt werden.

Der Kanon „wertkonservativ und traditionsbewusst, eigeninitiativ mit Durchhaltevermögen, kreativ sowie bodenständig, aber weltoffen" fasst auch entsprechende Aussagen aus dem Emsland über die dortige Bevölkerung treffend zusammen. Nicht nur die Tatsache, dass man der Mentalität der Menschen vor Ort eine wichtige Rolle zuschreibt, eint das Emsland und die Region Bodensee-Oberschwaben. Auch viele der dann genannten Eigenschaften sind identisch.

Darüber hinaus prägt der Katholizismus beide Untersuchungsgebiete, teils schon seit der Reformation durch einige schwäbische Reichsstädte, teils in jüngerer Vergangenheit, ergänzt und bereichert durch evangelische Ansätze, die Zuwanderer einbrachten. Im Emsland wird zudem die Rolle eines breitgefächerten Vereinslebens betont – auch hier gilt: Wirken in der Gemeinschaft für die Gemeinschaft. Sind es also vielleicht gerade die für breite Bevölkerungskreise „regionaltypischen" Elemente ihrer Mentalität und Identität, die beigetragen haben, zwei abseits der Metropolen gelegene Regionen zu wirtschaftskräftigen und erfolgreichen Räumen mit breitem Mittelstand und einzelnen Global Playern zu machen – am Bodensees mit Tradition, an der Ems jedoch überraschend, überwiegend erst in jüngster Zeit, aber ähnlich erfolgreich?

Die voranstehend zusammengefassten Teilergebnisse deuten erste Interpretationstendenzen an. Doch eine vertiefte, streng wissenschaftliche, mit ausgewiesener Methodik durchgeführte Analyse der umfangreichen Befunde muss dem Abschlussbericht der Studie vorbehalten bleiben. Diese Auswertung ist selbstverständlich mit einem entsprechend quellenkritischem Vorgehen verbunden, beispielsweise einer kritischen Auswertung der oft besonders subjektiven Interviewaussagen.

Es gilt auch, bei der Analyse des Erfolgsweges nicht nur zwischen Ursachen und Wirkungen zu unterscheiden, sondern Wechselwirkungen zu beachten: Trug beispielsweise ein Bevölkerungswachstum zu einer positiven wirtschaftlichen Entwicklung bei? Oder war das Erstgenannte Folge des zweiten Phänomens? Oder beeinflussten sich im Lauf der Zeit beide Aspekte bis hin zu einer latenten gegenseitigen Verstärkung?

Die Durchführung des hier beschriebenen Projektes wäre nicht sinnvoll gewesen, ohne den Versuch zu unternehmen, vom Emsland und vom Raum Bodensee-Oberschwaben „zu lernen". Liefern die Befunde eindeutige Hinweise auf Maßnahmen und Vorgehensweisen, die man anderen, bislang weniger erfolgreichen räumlichen Einheiten nahelegen kann?

Bereits in der Einführung ist darauf hingewiesen worden, welche hochkomplexen Entwicklungen das Emsland und die Region Bodensee-Oberschwaben bis in die Gegenwart durchlaufen haben. Es sei also nochmals betont: Regionen wie die hier untersuchten sind individuelle Räume, ihre Entwicklung war und ist eine hochspezifische. Daraus kann nur abgeleitet werden, dass die Formulierung eines – ja naturgemäß eher schlichten – Erfolgsrezeptes zur nutzbringenden Anwendung in anderen Räumen unmöglich ist. Diese schon bei Beginn der Forschungen formulierte Hypothese hat sich, nicht überraschend, als korrekt erwiesen.

Doch wesentliche Ergebnisse der Studie haben auch Bedeutung für andere Regionen, sofern deren konkrete Situation als wichtiges Modifikationselement einbezogen wird. Um eine Eins-zu-eins-Übertragung kann es folglich nicht gehen, wohl aber darum, auf nutzbare Potenziale, auf mögliche Ursache-Wirkungs-Beziehungen sowie auf Anwendungsvarianten und konkrete Handlungsoptionen für Planung und Politik hinzuweisen. An dieser Stelle kann jedoch nur auf den Abschlussbericht des Projekts hingewiesen werden, der ausführlich auf diese Aspekte eingehen wird.

Literatur

Danielzyk, Rainer / Köhler, Stefan / Friedsmann, Philipp: Bodensee-Oberschwaben. Eine erfolgreiche Region fernab der Großstädte. In: Standort. Zeitschrift für Angewandte Geographie. Ausgabe 3/2017, S. 186-194.

Danielzyk, Rainer / Wiegandt, Claus-Christian: Das Emsland – „Auffangraum" für problematische Großprojekte oder „Erfolgsstory" im ländlichen-peripheren Raum? In: Berichte zur deutschen Landeskunde. Band 73, Heft 2/3. Flensburg 1999, S. 217–244.

Eitel, Peter: Ravensburg im 19. und 20. Jahrhundert. Politik – Wirtschaft – Bevölkerung – Kirche – Kultur – Alltag. 2. Auflage. Ostfildern 2005.

Eitel, Peter: Geschichte Oberschwabens im 19. und 20. Jahrhundert. Band 1: Der Weg ins Königreich Württemberg (1800–1870). Ostfildern 2010.

Eitel, Peter / Kuhn, Elmar L. (Hg.): Oberschwaben. Geschichte und Kultur. Konstanz 1995.

Emsländischer Heimatbund e. V. (Hg.): Das Emsland. Erfolg und Aufgabe zugleich. Meppen 1967.

Franke, Werner / Grave, Josef / Schüpp, Heiner / Steinwascher, Gerd: Der Landkreis Emsland. Geographie, Geschichte, Gegenwart. Eine Kreisbeschreibung. Hg. v. Landkreis Emsland. Meppen 2002.

Landeskundlich-statistische Übersichten. Land. Regierungsbezirke. Landkreise. Kreisfreie Städte. Hg. v. Niedersächsischen Minister des Inneren. Hannover 1982.

Landkreis Emsland (Hg.): 50 Jahre Emslandplan. Meppen 2000.

Landkreis Emsland (Hg.): Kurzinformation über den Landkreis. Daten, Fakten, Entwicklungen. Stand Sommer 2012. 1. Auflage, Meppen 2012.

Landkreis Emsland: 24 Stunden. Leben und Arbeiten im Emsland. Werlte, ohne Jahr.

Niedersächsischer Minister für Wirtschaft und Verkehr (Hg.): Gegebenheiten der gewerblich-industriellen Entwicklung im Emsland. Hannover 1953.

Ott, Stefan (Hg.): Oberschwaben. Geschichte einer Landschaft. Ravensburg 1972.

Ricke, Heidi: Arbeitsmarkt und Beschäftigung. In: Franke, Werner / Grave, Josef / Schüpp, Heiner / Steinwascher, Gerd: Der Landkreis Emsland. Geographie, Geschichte, Gegenwart. Eine Kreisbeschreibung. Hg. v. Landkreis Emsland. Meppen 2002, S. 689–701.

Rolfes, Herbert: Der Landkreis Emsland als Wachstumsmotor. Entwicklung und Erfolgsfaktoren. Vortrag im Rahmen der Abschlussveranstaltung des MORO-Forschungsfeldes, Deutscher Landkreistag, 15. April 2008. Berlin 2008 (Dokumentation der Präsentation).

Völksen, Gerd: Das Emsland. Eine Landschaft im Wandel. Schriften der Wirtschaftswissenschaftlichen Gesellschaft zum Studium Niedersachsens. Heft 4. Göttingen, Hannover 1986.

Stefan Köhler

Erfolgreiche metropolenferne Regionen: Bodensee-Oberschwaben

Kommentar

Der Vortrag von Philipp Friedsmann hat analytisch zutreffend dargelegt, dass die Region Bodensee-Oberschwaben eine außerordentlich erfolgreiche metropolenferne Region ist. Die Aussagen von Friedsmann wie auch die statistischen Strukturdaten bestätigen damit das, was von verschiedener Seite bereits auch anderweitig in den letzten Jahren festgestellt worden ist (vgl. Köhler 2007, Troeger-Weiß u.a. 2008, Schmitz-Veltin), nämlich die enorme Strukturstärke dieser rund 630.000 Einwohner umfassenden Region obwohl sie peripher am südlichen Rand Deutschlands und in ziemlich großer Entfernung zu den nächsten Metropolen Stuttgart, München wie auch Zürich liegt.

Meinerseits kann diese Situationsanalyse bestätigt und die enorme Dynamik der Region Bodensee-Oberschwaben am Beispiel der Stadt Friedrichshafen, die mit 60.000 Einwohnern die größte Stadt der Region ist, unterstrichen werden. So hat Friedrichshafen allein von 2005 bis 2015 exakt 25 Prozent an sozialversicherungspflichtig Beschäftigten hinzugewonnen. Bundesweit werden solch enormen Zuwächse nur von ganz wenigen Kommunen annähernd erreicht oder gar übertroffen. Die ohnehin schon hohe Wirtschaftskraft der Stadt strahlt damit noch stärker auf die Region aus, weil der überwiegende Teil des erforderlichen Wohnraums nur über die regionalen Angebote abgedeckt werden kann. Auch viele Zulieferbetriebe der großen Arbeitgeberbetriebe in Friedrichshafen sitzen in den umliegenden Gemeinden. Friedrichshafen ist damit zur Zeit der maßgebende Motor der prosperierenden Entwicklung der Region Bodensee-Oberschwaben (Köhler 2018).

Stefan Köhler

Woran liegt es, dass sich die Region Bodensee-Oberschwaben, die bis heute in einer geographischen Randlage mit dem Bodensee und den Alpen im Rücken als natürliche Barriere liegt, so gut entwickeln konnte? Die klassischen harten Standortfaktoren, insbesondere die zur Ausstattung der Region in der Verkehrsinfrastruktur, sprechen eigentlich gegen die Region. Nur ganz am Rande verläuft die Autobahn A 96, die entweder von München oder Ulm kommend über Memmingen nach Lindau und dann weiter in das westlichste österreichische Bundesland Vorarlberg oder in die Ostschweiz nach Graubünden führt. Die Bundesstraßen, die durch die Region führen, werden zwar nach und nach mit Ortsumfahrungen – hier aktuell in Ravensburg und in Friedrichshafen – versehen, sind aber letztendlich wegen häufiger Überlastung nicht für schnelle Verkehrsbedingungen geeignet. Innerhalb der Region ist im Streckennetz der Bahn lediglich eine Bedienung mit Dieselzügen gegeben, die Bahnstrecke Ulm – Friedrichshafen – Lindau wird gerade elektrifiziert. Die gesamte Region wird nur mit Regionalverkehrszügen bedient. In dieser mangelnden Ausstattungsqualität hinsichtlich Straße und Schiene steht Bodensee-Oberschwaben bundesweit auf den hintersten Rängen. Vor allem in der benachbarten Schweiz, inzwischen auch im benachbarten Österreich ist die Verkehrsinfrastruktur deutlich hochwertiger; nichtelektrifizierte Bahnstrecken kennt man dort schon lange nicht mehr. Im ökonomischen Wettbewerb von Regionen sind die Steuersätze bei den ausländischen Nachbarn nicht nur graduell, sondern sogar deutlich niedriger. Und trotz dieser ungleichen Verhältnisse bei den harten Standortfaktoren kann Bodensee-Oberschwaben im „Club der Peripheren" rund um den Bodensee in seiner ökonomischen Entwicklung mit den Nachbarn Schweiz und Österreich mithalten bzw. diese seit in etwa der Jahrtausendwende überflügeln. Heute kann bei der Region Bodensee-Oberschwaben deshalb nicht mehr von Strukturschwäche und nur noch bedingt von peripherer Lage gesprochen werden (vgl. Köhler 2012).

Bei den weichen Standortfaktoren hingegen ist die Region über ihre Lage am Bodensee und die Nähe zu den Alpen als ausgesprochen attraktiv einzustufen. Allerdings steht sie hier nicht allein, sondern reiht sich auf deutscher Seite ein in einen Reigen mehrerer vergleichbarer Regionen. Westlich grenzen mit dem Schwarzwald und östlich mit dem Allgäu und in der Fortsetzung mit

Oberbayern, ebenfalls sehr attraktive Landschaftsräume und vom Tourismus geprägte Regionen an. Die Nachbarregionen leben aber – anders als die Region Bodensee-Oberschwaben – maßgeblich vom Urlaubs- wie auch Kurztagestourismus und den damit verbundenen Dienstleistungen und weniger von der Industrie.

Die Frage, worauf die heutige wirtschaftliche Stärke und Attraktivität der Region als Arbeits- und Wohnstandort zurückzuführen ist, kann also über die „klassische" Standortlehre nicht befriedigend beantwortet werden. Nach diesen Kriterien betrachtet, müsste die Region eigentlich weiterhin eher über eine periphere und strukturschwache Lage klagen.

Auch eine stark ausgeprägte regionale Identität kann als Erklärungsansatz für den gegenteiligen Verlauf kaum dienen. Denn anders als beispielsweise im benachbarten Allgäu hat es der Region bzw. den in dieser Region lebenden Menschen bislang eher an einem „regionalen" Selbstbewusstsein gemangelt und auch die Bereitschaft sich rund um den Bodensee herum eine gemeinsame Marke bzw. ein Leitbild zu geben, war bis vor wenigen Jahren eher gering ausgeprägt (vgl. Kuhn 1997). Daran wird aber nun verstärkt und – ohne dies jetzt weiter auszuführen – auch erfolgreich gearbeitet.

In der historischen Aufarbeitung der wirtschaftlichen wie auch sozialen Entwicklung der Region Bodensee-Oberschwaben, ihrer Unternehmen und ihrer Bewohner finden sich ebenfalls keine nennenswerten bzw. signifikanten Gründe und Erklärungsansätze. Wenngleich auch festgestellt wird, dass die bis zur vorletzten Jahrhundertwende feststellbare mangelnde Prosperität und Attraktivität nicht zu einer bemerkenswerten Unzufriedenheit in der Bevölkerung geführt habe. Das geflügelte Wort einer „glückhaften Rückständigkeit" macht gleich in mehreren Fachbeiträgen von Historikern, die sich der Region und ihrer Entwicklung widmen, die Runde (vgl. z.B. Knubben 2002, Kuhn 2910).

Die Region spielte in der Geschichte der Entwicklung des Kulturraums Europas, obwohl in seiner Mitte gelegen, nur in zwei historischen Zeiträumen, eine wahrnehmbare Rolle: Zum einen in der Blütezeit der Fugger, als neben dem noch bedeutsameren Augsburg die Stadt Ravensburg durch den Handel nach Norditalien und in den gesamten Mittelmeerraum hinein eine Blüte erlebte; zum anderen als die Stadt Konstanz für den kurzen Zeitraum von 4

Jahren der Konzilstandort von Papst und katholischer Kirche und damit der religiöse „Nabel" Europas wurde. Ansonsten ist die Region über die lange Zeit von Früh-, Hoch- und Spätmittelalter eher ein blinder Fleck auf der Landkarte in der wechselhaften Geschichte Europas.

Es dürften vor allem drei Einflüsse, Impulse oder letztendlich auch Entscheidungen einzelner Personen gewesen sein, die die stark prosperierende Entwicklung der Region Bodensee-Oberschwaben in den zurückliegenden letzten 200 Jahren erklären.

Erstens: Die Art und Weise der Säkularisierung und Mediatisierung von Oberschwaben mit den Bauernaufständen, die hier ihren Beginn hatten und dann sich weit über Deutschland hinweg fortsetzten (vgl. Quarthal 2003), dürfte ein Grund bzw. eine Erklärung dafür sein, dass sich die Menschen zunehmend selbstständig organisierten und in ihrem Verhalten dahingehend änderten, dass sie die Vorgaben der Obrigkeit verstärkt ablehnten und begannen selbst an Lösungen zu Problemen arbeiteten. Geflügelte Sprichwörter der Region, wie: „Gehe nicht zu deinem Fürst, wenn du nicht gerufen wirst" belegen dies bis heute eindrucksvoll. Ohne dies über empirische oder andere methodisch gestützte Untersuchungen untermauern zu können, dürfte sich hier eine Erklärung dafür anbieten, dass die Schwaben als besonders innovativ und als „Schaffer" (heute wird von „Machern" gesprochen) hervortun und auch von Nicht-Schwaben so charakterisiert werden. Auch zu der Neugierde und hohen Innovationsbereitschaft wird von den Oberschwaben selbst gerne der Spruch bemüht: „Das Bessere ist des Guten Feind". Diese Innovationsfähigkeit von Betrieben oder Einzelpersonen ist heute empirisch nachweisbar bzw. belegbar. Im alle zwei Jahre erscheinenden Patentatlas Deutschland wird die Region Bodensee-Oberschwaben bereits seit einigen Jahrzehnten immer unter den zehn besten Regionen der bundesweit insgesamt 96 Raumordnungsregionen geführt. Die hohe Patentdichte ist schon allein deshalb bemerkenswert, weil die Region vergleichsweise klein ist und die größte Stadt (Friedrichshafen) gerade einmal 60.000, die zweitgrößte Stadt (Ravensburg) 50.000 und die drittgrößte Stadt (Wangen) nicht einmal 30.000 Einwohner zählen.

Zweitens: Es war eine externe Entscheidung, die im Jahr 1811 für die Region Bodensee-Oberschwaben von Bedeutung war, und zwar die des seinerzeitigen baden-württembergischen Königs, in Friedrichshafen die Sommerresidenz seines Königshauses einzurichten. Dadurch wurde die zu dieser Zeit noch nicht einmal 5.000 Einwohner umfassende Provinzstadt plötzlich für die Stuttgarter wie auch sonstige württembergische Bevölkerung als touristisches Reiseziel interessant. Friedrichshafen wurde zu einer Feriendestination. Weitaus folgenschwerer war dann allerdings die Entscheidung des Königs, von Friedrichshafen aus beginnend in Richtung Stuttgart eine Eisenbahnlinie zu bauen. Bemerkenswert für diese Zeit war, dass die Innovation Eisenbahn hier in diesem Fall von der Provinz ausgehend in Richtung hin zur Landeshauptstadt hin gebaut wurde (vgl. Poggenpohl, Müller, Köhler 2012). Die Eisenbahn trug in der Folge, so wie in anderen Teilen Deutschlands auch, die Industrialisierung in die Region hinein; sie trug aber insbesondere zur Integration der Menschen innerhalb der Region und deren Einbindung in die schwäbische Nachbarschaft bei. Die bis dahin doch sehr isolierte Lage der Region wurde damit aufgehoben (vgl. Schmidt 2010).

Drittens: Weitaus stärkere Folgewirkungen als die des Königs hatte knapp 100 Jahre später die Idee und Entscheidung des Grafen Ferdinand von Zeppelin ein Luftschiff zu konstruieren. Exakt im Jahr 1900 setzte der Graf am Standort Friedrichshafen-Manzell seine Idee, die von Kaiser wie auch Bevölkerung anfangs belächelt und vereinzelt sogar verhöhnt wurde, um und ließ in der Manzeller Bucht das erste Luftschiff aufsteigen. Die Produktion der nach ihm benannten Zeppeline löste trotz diverser Rückschläge am nördlichen Bodenseeufer einen starken Industrialisierungsprozess aus.

Graf Zeppelin gelang es zur Umsetzung seiner Idee des Luftschiffbaus viele junge Ingenieure in die Provinz zu holen. Und aus dem seinerzeit hochinnovativem Zeppelinbau entwickelte sich in der Folge die Kleinstadt Friedrichshafen, immer nur noch rund 5.000 Einwohner zählend, als ein Standort des Flugzeugbaus (Kober, Dornier), des Motoren- und Fahrzeugbaus (MTU, Maybach) wie auch einer Zulieferindustrie (ZF Friedrichshafen), die sich zunächst auf den Bau von Zahnrädern und Zahnkränzen spezialisierte, später die Produktpalette auf den gesamten Fahrzeugbau und weitere Märkte ausdehnte. Es ist letztendlich vor allem Graf Zeppelin zu verdanken, dass sich zu Beginn des letzten Jahrhunderts die genannten Industriezweige divergierten und stetig neue Innovationen hervorbrachten. Durch SpinOffs und durch Ausdifferenzierungen im Produktportfolio ist die Industrie in Friedrichshafen, aber auch in den benachbarten Städten Oberschwabens, in den letzten Jahrzehnten ständig gewachsen. Die Wirtschaftskrisen Ende der 90er Jahre wie auch 2009 haben dazu geführt, dass Wettbewerber verdrängt und die Betriebe in der Region daraus gestärkt hervorgingen. Es ist inzwischen so, dass das anhaltende unternehmerische Wachstum der Industrie zu Engpässen bei der Entwicklung und Bereitstellung von (bezahlbarem) Wohnraum wie auch bei der Erstellung sonstiger öffentlicher (Versorgungs-) Infrastrukturen führt. Der Wohlstand bringt erstmalig für Friedrichshafen und weite Teile der Region Bodensee-Oberschwaben Nachteile oder auch Einschränkungen mit sich. Die Bewältigung und Auflösung solcher „Engpässe" ist derzeit eine spannende und ambitionierte Aufgabe von Kommunal- und Regionalpolitik.

Literatur

Knubben, Thomas (2002): Glückhafte Rückständigkeit. Ein Problem? In: Mitteilungen der Gesellschaft für Oberschwaben, Jahrgang 4, Heft 1, S. 10-20.

Köhler, Stefan (2007)(Hrsg.): Wachstumsregionen fernab der Metropolen. Akademie für Raumforschung und Landesplanung, Arbeitsmaterialien 334. Hannover.

Köhler, Stefan (2012): Peripherie muss nicht Peripherie bleiben. In: disP Nr. 48, Heft 2, S. 55-62.

Köhler, Stefan (2018): Friedrichshafen – Wachstumsmotor in der Bodenseeregion. Chancen und Risiken sowie Strategien für eine nachhaltige Stadtentwicklung. In: Raumplanung , Nr. 195, Heft 1, S. 7-10. Dortmund.

Kuhn, Elmar (1997): Der Bodenseeraum – Ein Mythos als Leitbild? In: Deutscher Verband für Angewandte Geographie (Hrsg.), Regionale Leitbilder – Vermarktung oder Ressourcensicherung? Materialien zur Angewandten Geographie (MAG), Band 27, S. 121-127. Bonn 1997.

Kuhn, Elmar (2010): Glückhafte Rückständigkeit. In: Mitteilungen der Gesellschaft für Oberschwaben. Jahrgang 9, S. 180-191.

Poggenpohl, Jens; Müller, Markus und Stefan Köhler (2012): Die bewegliche Stadt. Auf der Suche nach Friedrichshafens Gesicht. Friedrichshafen: Verlag Robert Gessler.

Quarthal, Franz (2003): Auswirkungen und Folgen von Säkularisation und Mediatisierung für Oberschwaben. In: Mitteilungen der Gesellschaft für Oberschwaben, Jahrgang 5, Heft 2, S. 104-125.

Schmidt, Uwe (2010): Die Südbahn: Der Motor zur Integration und Entwicklung von Oberschwaben. In: Magazin der Gesellschaft für Oberschwaben, Jahrgang 9, S. 57-73.

Schmitz-Veltin, Ansgar (2008): Wirtschaftspotenziale des Bodenseeraumes. In: Geographische Rundschau, Heft 10, S. 48-53.

Troeger-Weiß, G. u.a. (2008): Erfolgsbedingungen von Wachstumsmotoren außerhalb der Metropolen. Werkstatt Praxis, Heft 56, BMVBS, Berlin.

Hermann Bröring

Erfolgreiche metropolenferne Regionen: Emsland

Kommentar und Ergänzungen zu den Ergebnissen des Forschungsprojektes

Herzlichen Dank für den sympathischen Bericht, den Sie über unseren Landkreis Emsland gegeben haben. Ich fühle mich bemüßigt, vorab etwas zu meiner Person zu sagen, weil das für den Folgebericht nicht ganz unwichtig ist. Ich bin Jahrgang 1945, bin ein Kind der Region, bin im kleinsten nördlichen Dorf des Emslandes geboren – und um mit einer Anekdote zu beginnen: Mein Weg zum Abitur war „kompliziert", weil ich im Winter wegen des Hochwassers der tideabhängigen Ems das Gymnasium über Wochen nicht erreichen konnte. Nach meinem Abitur konnte ich aber in den Semesterferien an den Abschlussarbeiten des notwendigen Deiches mitwirken. Und das Interessante war: 1980 – 15 Jahre später – habe ich dann in meiner Eigenschaft als Kultur-, Raumordnungs- und Naturschutzdezernent im Emsland die Federführung für die notwendige Planfeststellung dieses Abschnitts gehabt. Soweit die Anekdote, heute ein unvorstellbarer Vorgang, dennoch Substanzielles zur Aussagekraft über die Arbeit der Emsland GmbH, die die Entwicklung des Emslandes zum großen Teil mit zu verantworten hatte.

Meinen beruflichen Werdegang sollten Sie auch kennen: Ich war von 1976 bis 1979 persönlicher Referent von Kultusminister Werner Remmers, dann von 1979 bis 1984 im Landkreis Emsland besagter Dezernent; von 1984 bis 1990 Stadtdirektor und Stadtkämmerer in der großen selbstständigen Stadt Lingen, von 1990 bis 2001 Oberkreisdirektor im Landkreis Emsland. Und 2001 in Folge der Kommunal- und Verfassungsreform wurde ich zum ersten hauptamtlichen Landrat gewählt. Dieses Amt habe ich bis zum Jahre 2011 ausgeübt. Ich bin durch und durch engagierter Emsländer; und deswegen bitte ich, bei der ein oder anderen Überzeichnung um Nachsicht – obwohl ich glaube, aufgrund der vorherigen Diskussion macht es Sinn, dass ich versuche, ein paar Stellschrauben herauszuarbeiten, die diese Region nach vorne gebracht haben. Und in dem Zusammenhang wird man meines Erachtens darüber nachzudenken haben, ob unsere Strukturen, unsere Aufgabengliederung zwischen staatlicher und kommunaler Ebene, wie wir sie zurzeit haben, wirklich effektiv und auch noch zukunftsfähig sind.

Zum Beitrag von Frau Wischmeyer: Es gibt eine Reihe exogener Faktoren, die die Entwicklung nachhaltig und positiv geprägt haben. Aber ohne das Zusammenwirken der exogenen Faktoren mit den substanziell gestaltenden endogenen Faktoren hätte sich das Emsland angesichts der peripheren Lage nicht zu einer prosperierenden Region in Niedersachsen entwickeln können.

Exogene Faktoren, das sind erstens der Emsland-Plan, zweitens die Bildungsreform als Ausfluss des Niedersächsischen Schulgesetzes im Jahr 1974, drittens die Kreisreform im Jahre 1977, aber auch der Aussiedlerzuzug Anfang der 1990er-Jahre. Und dazu gehört die große Arbeitsbeschaffungs-Maßnahmen-Kampagne gemeinsam mit der Bundesanstalt für Arbeit in den 1980er- und 90er-Jahren.

Die endogenen Faktoren hat Frau Wischmeyer auch genannt; ich möchte sie gerne aus einer anderen Sicht noch einmal beleuchten. Dazu gehört richtigerweise das Thema der sogenannten Selbstorganisation, denn Hannover und Preußen waren immer weit weg, nicht nur räumlich und geografisch. Und ich formuliere es durchaus einmal kantig: Da war das große Bourtanger Moor eine gute, natürliche Grenze zu den Niederlanden; und im Übrigen waren die Emsländer seit der Gegenreformation überwiegend katholisch und galten als bildungsrückständig. „Da gab es Wichtigeres zu tun."

Meine These ist an dieser Stelle: Der Bundestag hätte 1951 den Emsland-Plan – der im Übrigen nicht nur für den Landkreis Emsland galt, sondern auch für den Landkreis Grafschaft Bentheim, Leer/Ostfriesland, Cloppenburg, für

Teile des Landkreises Vechta, für Teile des Landkreises Ammerland und für den nördlichen Teil des Landkreises Osnabrück – nie verabschiedet, wenn nicht zwei Probleme bestanden hätten.

Erstens, die Niederländer haben 1947 auf der Londoner Konferenz Gebietsansprüche an den deutschniederländischen Grenzraum gestellt mit der Begründung, Deutschland sei nicht in der Lage, Moore zu kultivieren, die Niederländer hingegen haben das für ihren Teil des Bourtanger Moores bereits erfolgreich bewiesen. Und außerdem liegen dort riesige erschließbare Erdölfelder, die als mittelbare Reparationsleistungen zur Verfügung stünden.

Zweites: 36.000 oder 40.000 – da scheiden sich die Geister – Vertriebene, Flüchtlinge aus Ostpreußen, Pommern und Schlesien brauchten eine neue Heimat, eine neue Existenz.

Diese beiden Faktoren waren die Grundlage des Emsland-Plans. Und Sie, Frau Wischmeyer, haben es einmal gesagt: Damit begann im Grunde genommen für das Emsland eine völlig neue Wertschätzung und Wertsetzung, und endlich eine Chance, eine Aufholjagd zu beginnen.

Richtig, aber ohne die schon bereits erwähnte Selbstorganisation und das Bekenntnis zur Eigenverantwortlichkeit, des „Selbst in die Hand nehmens" – und das bezeichne ich als endogenen Faktor – hätte der Emsland-Plan seine Wirkungen nie in dieser Form entfalten können. Aus dieser Selbstorganisation heraus, aus der „Ferne zum Fürsten, zum Bischof" und den sonstigen staatlichen Institutionen hat sich ein Gemeinschaftssinn entwickelt; aus der Not heraus. Es galt lange Zeit im Emsland der Spruch: „Dem ersten der Tod, dem zweiten die Not, und dem dritten das Brot." Wenn Frau Wischmeyer von Lichterfesten Anfang der 1950er-Jahre als Symbol für den Anschluss an das Stromversorgungsnetz gesprochen hat, darf ich sagen, dass ich dieses als Kind selbst miterlebt habe. Es symbolisiert ein wenig die Rückständigkeit, die sicherlich auch prägend war dafür, dass es dieses Zusammengehörigkeitsgefühl gibt, dass es die Solidarität gibt und dass man nicht immer sofort nach dem Staat ruft. Das hat sich die Region bis heute als Charakteristikum bewahrt, darin steckt die innere Dynamik: Staatliche Hilfe und staatliches Handeln zwar einfordern, aber nicht nur darauf zu warten, sondern selbst anzupacken, war und ist Handlungsmaxime. Aus dieser in der Not geborenen Handlungsmaxime hat sich über Jahrzehnte eine hohe Regionalidentität entwickelt, die heute wiederum getragen wird von dem Stolz auf das Geleistete und Geschaffene. Zweifelsohne, das Emsland lebt eine hohe regionale Identität.

Selbstorganisation, Eigenverantwortlichkeit, Solidarität füreinander und damit Gemeinwohlorientierung, aber auch das von mir in anderer Form schon beschriebene Subsidiaritätsprinzip haben – und das ist nicht nur meine Wahrnehmung als jemand, der über ein langes Berufsleben im Emsland Verantwortung getragen hat – ihren Kern auch wesentlich in den kirchlich-religiösen Wurzeln. Die von mir genannten Faktoren sind allesamt Kernpositionen der katholischen Soziallehre und evangelischen Sozialethik. Und der über Generationen gelebte enge „Schulterschluss" zwischen Bevölkerung und Kirche muss in der Ursachenforschung für den Antrieb des von mir noch aufzuzeigenden kommunalpolitischen und bürgerschaftlichen Engagements auf den Fundamenten dieser christlichen Sozialethik mit herangezogen werden. Wir werden heute in einem weiteren Beitrag des Berlin-Instituts von Herrn Dr. Klingholz über dessen Studie von „Netzwerken und Kirchtürmen" weiteres über ein daraus resultierendes ausgeprägtes Human- und Sozialkapital hören.

Und deswegen, Herr Professor Niemann, bin ich Ihnen sehr dankbar, dass Sie auf die „weichen Faktoren" so deutlichen Wert gelegt haben: Auf das Vertrauen, das man zueinander haben muss, auf das Vertrauen, das man zu den handelnden Personen haben muss, auf das Vertrauen, das in Kooperation mündet, das Face-to-Face-Gefühl, und auch, dass man weiß, dass man nur erfolgreich ist, wenn man Netzwerke bildet.

Zu alledem braucht man am Ende – und da rede ich durchaus ein Stück pro domo – Köpfe, die bereit sind zu handeln, anzutreten und voranzugehen – die aber wiederum nur antreten können, wenn sie sicher sein können, dass sie Rückhalt bei der überwiegenden Mehrheit der Bürger haben. Das ist das Allerwichtigste.

Jetzt zum anderen wichtigen exogenen Faktor: der Bildungsreform. Den Emsland-Plan haben wir schon angesprochen. Das war, wenn Sie so wollen, für alle, die sich im Förderrecht auskennen, der Vorläufer der „Gemeinschaftsaufgabe Verbesserung der Wirtschaftsstruktur beziehungsweise des Agrar- und

Küstenschutzes"; ab 1969 gab es dieses Förderinstrument für alle strukturschwachen Regionen in der Bundesrepublik Deutschland, insbesondere für die Zonenrandgebiete. Der Emsland-Plan war zunächst einmal ein Plan, den Vertriebenen eine neue Existenz zu verschaffen. Die Landwirtschaft wurde gefördert, indem Moore kultiviert, Straßen gebaut und Gewerbegebiete erschlossen wurden. Es wurde Infrastruktur aufgebaut. Aber was die Emsländer bisher aus eigenem Stolz zu wenig gewichtet haben, ist der Bildungsschub, den die Vertriebenen, die in der Regel aus einem gehobenen bürgerlichen Niveau kamen, brachten. Damit wurden die Emsländer „auf Trab" gebracht, und es wurde ihnen verdeutlicht, dass Bildung eine Lebenshaltung ist und eine unerlässliche Grundlage für jede weitere individuelle Entwicklung.

Und auch die Bildungsreform mit dem im Jahre 1974 verabschiedeten umstrittenen Niedersächsischen Schulgesetz haben die Emsländer als Chance begriffen. Unabhängig von dem ideologischen bildungspolitischen Streit zwischen SPD und CDU auf Landesebene haben die Gemeinden – eindeutig mehrheitlich CDU geprägt – die Elemente eines wohnortnahen besseren Bildungsangebotes in diesem Schulgesetz ausgeschöpft. Zügig wurden in allen 19 Gebiets-Körperschaften die Orientierungsstufen eingeführt und an allen Standorten im Sekundarbereich I ein Realschulangebot „draufgesattelt" mit dem Ergebnis, dass der Anteil der Realschulabsolventen im Emsland kräftig stieg mit all den sich daraus ergebenden besseren weiteren Bildungsmöglichkeiten.

Das war ein exogener Schub, der für die Gesamtentwicklung der Region von elementarer Bedeutung war.

Der dritte große Schub war zweifelsohne die Kreisreform. Es wurde und wird ja immer wieder diskutiert, brauchen wir größere kommunale Einheiten? Meine persönliche Erfahrung: Es gab bis zur Gemeindereform 1972 im Emsland 156 Gemeinden – jetzt gibt es 19 Städte, Gemeinden und Samtgemeinden. Die Emsländer hatten verstanden: Mit diesen kleinräumigen Strukturen können wir nicht in der Zukunft mitgestalten und mitwirken, wenn das Ziel der Region eine prosperierende wirtschaftliche Entwicklung ist. Wir brauchen eine andere kommunale Grundlage. Und die im Jahr 1977 zum Abschluss gebrachte Kreisreform mit der Bildung des sogenannten Großkreises Emsland erwies sich als besonderer Glücksfall und war – so definiere ich es persönlich ausdrücklich – die Vollendung des Emsland-Planes. Die ursprünglichen Pläne des Landes, in der Drucksache 1000 des Niedersächsischen Landtages dokumentiert, sahen für das Emsland den Zusammenschluss der Landkreise Aschendorf-Hümmling und Meppen sowie den Zusammenschluss des Landkreises Lingen mit der Grafschaft Bentheim vor. Insbesondere wegen der kulturellen Unterschiede zwischen Lingen und der Grafschaft Bentheim gab es erhebliche Widerstände und natürlich auch bei den angedachten Zweier-Lösungen den Streit um den prestigeträchtigen Kreissitz. Mit dem Regierungswechsel im Jahre 1976 eröffnete sich die Chance, die drei emsländischen Landkreise Aschendorf-Hümmling, Meppen und Lingen zu einem Großkreis Emsland zusammenzuführen. Unabhängig von der kulturellen Identität dieser drei Landkreise konnten damit Blockadehaltungen, die sich aus Zweier-Lösungen ergeben hätten, für die Zukunft ausgeschlossen werden. Wer immer sich mit der Kreisreform in Niedersachsen beschäftigt, wird feststellen, dass überall dort, wo zwei Landkreise gegen ihren Willen zusammengeführt wurden, über einen langen Zeitraum die Entwicklungen durch erhebliche Blockadebildungen, getragen auch von „Prestige-Verlusten", beeinträchtigt waren. Bei dem im Emsland gebildeten „3er-Konsortium" war von vornherein der Einigungszwang beziehungsweise die mehrheitsbeschaffende Koalitionsbildung implementiert. Und deshalb wurde der Einigungszwang der drei ehemaligen Landkreise im Wesentlichen auch als Chance begriffen, aufgenommen und genutzt.

Frau Wischmeyer, Sie haben recht, dieses Emsland lebt nicht in einem großen Zentrum, sondern die drei ehemaligen Kreisstädte Papenburg, Meppen und Lingen bilden weiterhin die Zentren des Landkreises in einem der Region förderlichen Wettbewerb.

Und zu diesem Kontext gehört, dass dem Landkreis ausdrücklich eine gewichtige Ausgleichsfunktion zugestanden wurde und wird, mit dem Ziel, neben den drei prosperierenden Mittelzentren auch den anderen 16 Gemeinden alle Entwicklungschancen zu sichern. Das Leitmotiv: Ein starker Landkreis ist Garant dafür, dass auch kleine Gemeinden ihre Entwicklungschancen haben.

Einmal deutlich formuliert – ich weiß nicht, ob Sie sich geografisch auskennen: Lingen im Süden war und ist wirtschaftlich stark, der Norden mit Papenburg wirtschaftlich schwach. Es gäbe die im Kreuzschifffahrtsbau erfolgreiche Meyer Werft in Papenburg nicht mehr, wenn es nicht den Landkreis Emsland geben würde, der die kommunale Mitfinanzierung der großen Infrastrukturmaßnahmen zugunsten der Werft über seine Ausgleichsfunktion ermöglicht hätte. Und ebenso lässt sich die Ausgleichfunktion des Landkreises festmachen an der Infrastrukturförderung für kleine Gemeinden. Unabhängig von den jeweiligen Zielen der Landesraumordnungsprogramme, dass Grundzentren sich nur in ihrem „Kern" entwickeln sollen, war und ist Ziel der Raumordnungspolitik des Landkreises, auch in kleinen Dörfern Gewerbegebietsentwicklungen zu ermöglichen. Das hat zum Beispiel dazu geführt, dass der Landkreis seine Gemeinden beim Grunderwerb für neue Gewerbegebiete mit 75 Prozent des Bodenrichtwerts pro Quadratmeter unterstützt und anschließend auch bei der Gewerbegebietserschließung finanziell „mit antritt". So gibt es bei uns im Landkreis zwei Gemeinden, welche mehr Arbeitsplätze als Einwohner haben, weil sich aus benachbarten Landkreisen Unternehmer dort niedergelassen haben.

Dieses Beispiel kommunaler Arbeitsmarktpolitik verdeutlicht die enge Verzahnung von exogenen Faktoren mit den bestimmenden endogenen Faktoren in der Bewertung für die regionale Entwicklung des Landkreises Emsland: Rahmensetzung durch den Staat und der Wille aktiver Ausgestaltung zur Weiterentwicklung der Region im Rahmen der Selbstverantwortung beziehungsweise Selbstorganisation durch die Kommunalpolitik.

Seit der Gründung des Landkreises Emsland im Jahre 1977 stand für alle Kreistage immer an erster Stelle Mitgestaltung der Arbeitsmarktpolitik unter dem Motto: „Aktive Arbeitsmarktpolitik ist immer noch die beste Sozialpolitik."

Dazu zwei Beispiele, die noch einmal das tragende Element der Selbsthilfe und Eigenverantwortung durch die örtliche Politik beleuchten.

Erstens: Der Geburtenreichtum des Landkreises führte ab 1979 zu dem ausufernden Problem, dass 20 Prozent der Schulabgänger erfolglos einen Ausbildungsplatz suchten. Wir haben uns darum bemüht, dass unsere drei

Berufsschulzentren mit der gesamten Palette des schulischen Berufsgrundbildungsjahres ausgestattet wurden, um erstmal einen Puffer für Schulabgänger ohne Ausbildungsplatz zu schaffen. Eine effektive Kooperation zu Ausbildungsplatzfragen mit der an sich zuständigen Arbeitsverwaltung erwies sich als wenig zielführend, da keine belastbaren Statistiken wegen der nicht vorhandenen ständigen Aktualisierung vorlagen und infolgedessen eine differenzierte Herangehensweise nicht möglich war. Im Gegenteil, die Arbeitsverwaltung empfand den Beschluss des Kreistages, das Problem selbst in die Hand zu nehmen, als befremdlich. Eine dann von der Kreisverwaltung in enger Abstimmung mit allen Schulen im Landkreis Emsland vorgenommene Schulabgänger-Befragung bei einer Beteiligungsquote von 98 Prozent war die Voraussetzung, zum Schuljahresende eine differenzierte Bewertung zur Ausbildungsplatzsituation vorzunehmen. Und das wiederum schaffte am Ende des Schuljahres die Möglichkeit, geordnet nach Gemeinden den Bürgermeistern eine Auflistung in die Hand zu geben mit der Maßgabe, bei den örtlichen Betrieben noch einmal für einen Ausbildungsplatz zu werben. Man mag dieses unkonventionelle Vorgehen belächeln, aber es erwies sich auch in den folgenden Jahren der großen Ausbildungsplatznot als sehr erfolgreich. Die konkrete Ansprache durch die örtlichen Bürgermeister erzeugte einen Klebe-Effekt, der auch nur in Regionen laufen kann, wo eine Anonymität nicht mehr den Schutz bietet, sich zu verstecken. Dieses Beispiel zu nennen, ist ganz wichtig, wenn man die Mentalität, das Zusammengehörigkeitsgefühl und die Solidarität, die in der Region vorhanden ist, begreifen will.

Zweites Beispiel für erfolgreiche Selbstorganisation: Anfang der 1990er-Jahre gab es im Emsland wie in Cloppenburg und Osnabrück einen gewaltigen Zustrom von Aussiedlern. Deshalb stiegen innerhalb von zwei Jahren im Landkreis Emsland die Sozialhilfeausgaben netto von 50 Millionen DM auf 100 Millionen DM an. Die Zahlungsunfähigkeit des Landkreises drohte. Mit Hilfe von kommunalen Beschäftigungsgesellschaften wurden diese Sozialhilfeempfänger zwölf Monate beschäftigt, um sie danach in den Verantwortungsbereich der Arbeitsverwaltung „zu entlassen". Auf diese Weise und mit Hilfe von Arbeitsbeschaffungsmaßnahmen der Arbeitsverwaltung wurden entlang von 900

Kilometern Kreisstraßen 700 Kilometer Radwege gebaut, für die Naherholung und für die touristische Entwicklung eine erhebliche Wertverbesserung. Diese Selbsthilfe war nur die eine Seite der Medaille, der Zustrom der Aussiedler war ungebrochen; ihn galt es zu begrenzen. Entsprechende Bitten beim Land Niedersachsen, auch beim Bundesinnenministerium, blieben ohne Gehör mit der unverhohlenen Antwort, dass es sich hierbei nur um das spezifische Problem einiger Landkreise handele.

Da haben wir uns Politisch-Verbündete gesucht und erkundet, welche Landkreise in Deutschland mit gleichen Problemen zu kämpfen hatten. In meinem Hause wurden die Eckpunkte für ein Wohnortzuweisungsgesetz zur Begrenzung des Zuzugs von Aussiedlern in überbordende Regionen formuliert; mit erheblichem politischem Druck auf den Weg gebracht und letztendlich die Verabschiedung im Bundestag erfolgreich umgesetzt. Das verschaffte dem Landkreis Emsland und den anderen betroffenen Kreisen zunächst eine Verschnaufpause, weil der Kern des Gesetzes darauf abzielte, erstens die Zuweisung von Aussiedlern so lange auszusetzen, bis das durchschnittliche Landesniveau pro Kopf der Bevölkerung erreicht war, und es sprach den Aussiedlern für die ersten drei Jahre das Recht der freien Wohnortwahl ab. Dennoch war der immense Zustrom der Aussiedler bei langfristiger Betrachtung des Arbeitsmarktes ein Gewinn für die Region, weil der 15 Jahre später einsetzende Facharbeitermangel dadurch erheblich gemindert werden konnte.

Ich habe Ihnen diesen Sachverhalt geschildert, weil ich ganz persönlich der Auffassung bin, dass man bereit sein muss, tradierte Zuständigkeiten und überkommene Strukturen in Frage zu stellen, wenn dadurch die nachhaltige Entwicklung einer Region gestört werden kann. Das Beharrungsvermögen staatlicher Institutionen ist in bestimmten Situationen hinderlich beziehungsweise zu stark, um die vorhandene Kreativität in den Regionen vor Ort sich entwickeln zu lassen.

Ich komme zu einem weiteren Beispiel, das die Dynamik und Willensstärke der Region untermauert, unkonventionelle Wege einzuschlagen, wenn staatliche Institutionen in ihrer Zuständigkeit, ich will es einmal so formulieren, sich eine zu große Zurückhaltung auferlegen. Die im Kreuzschifffahrtsbau erfolgreich im Weltmarkt operierende Meyer-Werft in Papenburg im Emsland gäbe es nicht mehr, wenn es nicht Anfang der 90er-Jahre eine erfolgreiche Intervention des Landkreises Emsland gegeben hätte.

Einige statistische Daten: Anfang der 1990er-Jahre 1.200 Arbeitsplätze, 3.000 Sekundär-Arbeitsplätze, vornehmlich in Ostfriesland; heute, im Jahr 2018, 3.400 Arbeitsplätze in Papenburg, etwa 7.000 Sekundär-Arbeitsplätze in Ostfriesland und im Emsland.

Zur Story: Ende der 80er-Jahre, Anfang der 90er-Jahre suchte die damals in der sechsten Generation bestehende Werft im strukturschwachen Ostfriesland und nördlichen Emsland nach neuen Marktsegmenten und stieg in den Kreuzschifffahrtsbau ein. Der Tiefgang in der Bundeswasserstraße Ems war wie in der Weser oder in der Elbe in den 70er- und 80er-Jahren jeweils den Notwendigkeiten der Schifffahrt angepasst worden. Die Werft durfte auch aufgrund von Vorgesprächen bei der Landesregierung darauf vertrauen, dass mit der Hereinnahme eines weiteren Kreuzfahrtschiffes auch für die Überführung dieses Schiffes der notwendige Tiefgang hergestellt werden würde. Mit der Landtagswahl im Mai 1990 und dem Regierungswechsel von CDU/FDP zu SPD/Grüne war dieser Konsens hinfällig und es drohte die Benehmensherstellung des Landes für das vom Bund durchzuführende Planfeststellungsverfahren für die Bundeswasserstraße Ems zu scheitern. In einem endlosen Tauziehen zwischen dem Bundesverkehrsministerium und dem Land Niedersachsen bei gegenseitiger Blockadehaltung – der Bund bestand vor Einleitung des Planfeststellungsverfahrens darauf, dass sich das Land vorab aus infrastrukturellen Gründen zu diesem Verfahren bekennen sollte – drohte die Überführung des bereits in Bau befindlichen Kreuzfahrtschiffes „Zenith" zu scheitern und den Bau eines bereits in Auftrag genommenen weiteren Kreuzfahrtschiffes unmöglich zu machen. Der drohende Verlust von über 1.000 Werftarbeitsplätzen und den damit verbundenen Sekundär-Arbeitsplätzen veranlasste dann den Landkreis Emsland nach monatelangen erfolglosen Verhandlungen mit der Niedersächsischen Landesregierung und dem Bundesverkehrsministerium, in großer Sorge um die Arbeitsplätze das Heft des Handelns selbst in die Hand zu nehmen und das notwendige Planstellungsverfahren an sich zu ziehen. Dies ist nicht der Ort, Spott und Skepsis zu beschreiben, dass ein Landkreis sich anmaßte, ein an sich in der Zuständigkeit des Bundes liegendes kompliziertes Planfeststellungsverfahren in kurzer Zeit rechtskräftig abzuwickeln. Im Ergebnis ist festzuhalten: Der Landkreis Emsland ist als einzige Gebietskörperschaft Inhaber eines Planfeststellungsbeschlusses über eine Bundeswasserstraße, der Ems, mit einer Länge von 42 Kilometern, wovon nur circa 400 Meter im eigenen Landkreis liegen. Wichtiger noch, die beiden genannten Kreuzfahrtschiffe wurden gebaut, überführt und in den folgenden 25 Jahren circa weitere 30 Kreuzfahrtschiffe. Die damit verbundenen Arbeitsplatzeffekte, eine Verdreifachung, haben zu einer essentiellen Stabilisierung der Arbeitsplatzsituation im nördlichen Emsland, noch mehr in Ostfriesland beigetragen. Und so abenteuerlich es klingen mag, hätte der Landkreis Emsland in dieser Stunde einer existenziellen Sorge um den Arbeitsmarkt nicht die Federführung übernommen, dann hätte man die Werft im wahrsten Sinne des Wortes gegen die Wand gefahren, weil mit politisch, aber ökonomisch völlig untauglichen Lösungsansätzen wie zum Beispiel einer Teilverlagerung der Werft nach Emden keine zielführenden Lösungsansätze aufgezeigt werden konnten. Im Gegenteil, die vom Land Niedersachsen angezettelte Standortdiskussion schloss die Gefahr einer Gesamtverlagerung der Werft nach Ostdeutschland oder außerhalb Europas in sich. Ich gebe unumwunden zu, ich bin diesem Projekt sehr emotional verbunden, weil es über einen langen Zeitraum von mehr als einem Jahr 40 Prozent meiner Arbeitskraft gekostet hat, mich sehr erschreckt hat, wie leichtfertig Parteipolitik Arbeitsplätze in Gefahr bringen kann und das ganze Verfahren in mehreren Etappen gerichtlich abgesichert werden musste.

Aber so etwas macht am Ende auch mutig und schafft eine Eigendynamik, die die endogenen Faktoren als tragende Säule für die Entwicklung einer Region stärkt.

Aus diesem Erfolg „abgeleitet", wurde faktisch fließend ein weiteres Infrastrukturprojekt federführend auf den Weg gebracht: die weitgehend Regional- und Privatfinanzierung eines rund 42 Kilometer langen Lückenschlusses der Autobahn A 31 von Emden ins Ruhrgebiet. Der Bau der BAB 31 drohte zu einer Never-Ending-Story zu werden, weil, so die Erklärung des Bundes und des Landes, zunächst im Zuge der Wiedervereinigung die infrastrukturellen Vorhaben in Ostdeutschland, später der Ausbau der Infrastruktur in und um

Hannover für die Expo Vorrang haben mussten. Letztendlich kam der weitere Bau der Emslandautobahn 1997 zum Erliegen, ohne dass erkennbar wurde, wie der Lückenschluss von 42 Kilometern im Emsland nach Nordrhein-Westfalen in Angriff genommen werden sollte. Ein sicherlich unter Wahlkampfaspekten zu bewertender Brief des Bundesverkehrsministers Wissmann, der Bau solle 2003 fortgesetzt werden und mit der Fertigstellung im Jahre 2010 enden, hätte bedeutet, dass jährlich 50 Prozent der Neubaumittel für das Land Niedersachsen in dieses Vorhaben gesteckt werden müssen, völlig unrealistisch.

Deshalb sind von uns im Landkreis Emsland Überlegungen angestellt worden, ein eigenes Finanzierungsmodell für diesen Lückenschluss zu entwickeln, bei Baukosten von 420 Millionen DM und einer Zinsbelastung von rund 130 Millionen DM. Nachdem der Kreistag seine grundsätzliche Zustimmung gegeben hatte, eine dafür bis zu 36 Millionen DM höhere Verschuldung in Kauf zu nehmen, galt es, Verbündete in Ostfriesland und bei den Industrie- und Handelskammern, aber auch bei den niederländischen Nachbarn zu suchen; auch hier ist nicht der Ort, Details, Verwerfungen, politische Intrigen zu skizzieren, außer der Tatsache, dass das für dieses Vorhaben zuständige Verkehrsministerium Hannover mit dem Landesstraßenbauamt zunächst in großer Abwehrhaltung operierte, weil sich der Landkreis anmaßte, in deren originäre Zuständigkeiten einzugreifen beziehungsweise in eine Konkurrenzsituation zu treten.

Doch nach der anfänglichen Skepsis ergab sich eine sehr kooperative Herangehensweise zwischen dem Land und dem Landkreis, weil auch unter Hinzuziehung eines von der IHK in Auftrag gegebenen Verkehrsgutachtens der Universität Münster der Nutzen des vorzeitigen Lückenschlusses volkswirtschaftlich untermauert wurde und alle Modelle im Ergebnis für den Bund keine Zusatzbelastungen generieren würden.

Tatsächlich konnte die Lücke im Jahre 2004 geschlossen werden, die wirtschaftlichen Arbeitsplatzeffekte entlang der BAB 31 sind unverkennbar, und es darf getrost angesichts vergleichbarer Vorhaben im Fernstraßenbau definiert werden: Hätte es unter Federführung des Landkreises Emsland mit den verbündeten ostfriesischen Landkreisen, den niederländischen Provinzen Drenthe und Groningen sowie der ostfriesischen und emsländischen Wirtschaft diese

Eigeninitiative nicht gegeben, wäre der Lückenschluss der A 31 auch im Jahre 2017 noch nicht vollendet worden.

Zwei Anmerkungen sind in diesem Zusammenhang erforderlich: Erstens, aus der damaligen Verkehrsachse Emsland-Ostfriesland hat sich inzwischen mit den ostfriesischen, emsländischen und Unternehmern aus der Grafschaft Bentheim und den dazugehörigen Kommunen eine Wirtschafts- und Wachstumsachse, die „Ems-Achse", entwickelt, ein erfolgreiches Public-Private-Partnership-Modell, viel beachtet in Niedersachsen.

Und zweitens, das ist m. E. am Beispiel der Realisierung des Vorhabens zum Lückenschluss der Bundesautobahn A 31 noch einmal hervorzuheben: Das Emsland weiß um die Bedeutung der exogenen Faktoren, die die Entwicklung der Region begünstigt haben. In Verbindung damit mag der Grundsatz entstanden sein, bei der Lösung von Problemen und anstehenden Vorhaben sich nicht zurückzuziehen auf die jeweiligen Zuständigkeiten, sondern im Rahmen der Identifizierung von notwendigen Aufgaben abzutasten, wie sich die Region selber einbringen kann, und gegebenenfalls dann auch die Federführung zu übernehmen. Dazu ließen sich weitere Beispiele aus der emsländischen Region heranführen. So gäbe es den Fachhochschulstandort Lingen als wichtigen Ort für den Wissenstransfer zu den mittelständischen Unternehmen nicht, hätte auch nicht hier die Region, genauer gesagt die Stadt Lingen und der Landkreis Emsland, teilweise bei großer Zurückhaltung des Wissenschaftsministeriums durch die Bereitstellung von Räumlichkeiten, die Übernahme von Betriebskosten und die Installation von Stiftungsprofessuren erhebliche Vorarbeit geleistet. Heute ist der Hochschulstandort Lingen im Westen des Landes mit seinen fast 2.000 Studienplätzen gerade für die mittelständische Wirtschaft ein nicht mehr wegzudenkender Inkubator und noch im Jahre 2009 drohte die Vollendung des Baus am Standort Lingen bei einem Finanzvolumen von rund 35 Millionen Euro wegen der fehlenden drei Millionen Euro für den Bau einer Hochschul-Mensa zu scheitern. Um das Vorhaben am Ende nicht zu gefährden, haben sich dann die Stadt Lingen und der Landkreis Emsland bereit erklärt, jeweils hälftig die notwendigen Finanzmittel zu beschaffen.

Erlauben Sie mir, dass ich Ende meiner Ausführungen auch mein persönliches Fazit ziehe. Es gibt, ich denke, da sind wir uns einig, keinen allgemein verbindlichen Weg, der die Entwicklung peripherer beziehungsweise Metropol ferner Regionen begünstigt. Wichtig ist die Unterfütterung und Ausgestaltung exogener Vorgaben durch endogenes, immer wieder neu einzubringendes Engagement. Die Bereitstellung von Fördermitteln mag vordergründig ein Lösungsansatz sein, solange aber solche Förderprogramme in ein zu enges Korsett gegossen werden, die der zu fördernden Region kaum Spielräume lassen und eher „Entmündigungstendenzen" aufweisen, können endogene Faktoren kaum aktiviert werden. Endogene Faktoren in der Region basieren, wie durch Herrn Prof. Niemann aufgezeigt, maßgeblich auf weichen Komponenten, die es zu heben gilt. Vertrauen zur Region, Bereitschaft, sich selbst zu organisieren, Gemeinsinn zu entwickeln, Kreativität zuzulassen, aber auch die Bereitschaft, den berühmten Stachel zu löcken, wenn es darum geht, verkrustete Strukturen aufzubrechen, können zwar die Bereitstellung von externen Finanzmitteln nicht ersetzen, schaffen aber den notwendigen und gewünschten Multiplikatoren-Effekt.

Der Dialog zwischen den staatlichen Institutionen, den kommunalen Institutionen und der Zivilgesellschaft muss auf Augenhöhe stattfinden; solange staatliche Vorgaben im Rahmen von Förderprogrammen der dezentralen Ausgestaltung keinen Vorrang einräumen, fehlt aus meiner Sicht das Vertrauen in die handelnden Personen vor Ort.

Und meine Berufserfahrung sagt mir, hätte sich das Emsland über die letzten beiden Generationen in ausschließlich bundesstaatlicher beziehungsweise in landesstaatlicher Konformität bewegt und wäre nicht auch eigene Wege gegangen, dann hätten viele infrastrukturelle Einrichtungen nicht umgesetzt werden können. Einen besseren Beweis für diese These als eine nunmehr schon seit geraumer Zeit bei unter drei Prozent liegender Arbeitslosigkeit kann es nicht geben.

Aber, Frau Wischmeyer, ich bin bei Ihnen, auch im Emsland hat man mit Sättigungsproblemen zu kämpfen, getreu dem Spruch: „Einen Spitzenplatz zu erreichen, mag schwer sein. Dort oben zu bleiben, ist ungleich schwerer." Und deswegen sage ich zum Schluss ganz einfach: Als ich geboren wurde, bekam ich von meinen Eltern als Handlungsmaxime in die Wiege gelegt: „Dir soll es besser gehen und deinen Kindern auch." Diese Lebenseinstellung gibt es in dieser absoluten Form auch im Emsland nicht mehr. „Work-life-balance" hat auch im Emsland Einzug gehalten, andere Lebensbiografien, andere Lebensgefühle treten auch hier zunehmend in den Vordergrund. Ob darin Handlungsmuster zu erkennen sind, die diese periphere Region auch in Zukunft stark machen, das wird sich zeigen.

Uwe Kröcher

Erfolgreiche Regionalentwicklung im Emsland

Ein kritischer Kommentar zu dem wissenschaftlichen Suchen nach Erklärungen

Dass das Emsland im Laufe ihrer Geschichte nach dem zweiten Weltkrieg eine erfolgreiche Entwicklung in ökonomischer und sozialer Hinsicht vollzogen hat, ist unstrittig, soweit sich das Kriterium „Erfolg" mit klassischen sozioökonomischen Indikatoren bemessen lässt wie hohes Beschäftigungsniveau, geringe Arbeitslosenquote etc. Gleichzeitig muss allerdings auch zur Kenntnis genommen werden, dass dieser augenscheinliche Erfolg einerseits von einem niedrigen Niveau ausgegangen ist, und andererseits zumindest in großen Teilen auf geringwertigen Beschäftigungsverhältnissen beruht. Die Beschäftigungsgewinne gerade im Zeitraum ab dem Beschäftigungstiefstand 2005 wurden erkauft durch ein Modell im interregionalen Wettbewerb einer „Kostenführerschaft", die sich durch durchschnittlich geringere Lohnhöhen, höherem Beschäftigungsgrad an Minijobs, an LeiharbeiterInnen und ALG-II-AufstockerInnen ausdrückt (vgl. Kröcher 2017).

Ich möchte die Debatte über die Erfolgsfaktoren der positiven Entwicklung des Emslandes mit einigen eher thesenartig vorgetragenen Einschätzungen ergänzen und damit anknüpfen an meinen Beitrag im Rahmen der letztjährigen Tagung, bei der ich die diskutierten Erfolgsfaktoren für die Entwicklung des Emslandes zusammengefasst und mit einigen Einschätzungen und neueren empirischen Befunden ergänzt habe (ebd.). Der dort vorgebrachte Argumentationszusammenhang soll hier weitergeführt und an einigen Stellen zugespitzt werden. Indirekt gehe ich dabei auf zentrale Ergebnisse des Forschungsprojektes „Erfolgreiche metropolenferne Regionen" ein, das die Entwicklung des Emslandes in der Gegenüberstellung mit dem Bodenseekreis in einer Kombination aus sozial- und wirtschaftsgeografischer und aus historischer Perspektive nachzeichnet und Erklärungsfaktoren der positiven Entwicklung benennt (Danielzyk et al. in diesem Band).

Werden die wissenschaftlichen Studien über die Entwicklung erfolgreicher Regionen im Allgemeinen betrachtet und systematisch die dort vorgetragenen Begründungszusammenhänge untersucht, stellt man schnell fest, dass als Erklärungsfaktoren eindeutig sogenannte „endogene" Faktoren im Vordergrund stehen. Zwar werden auch immer wieder exogene Faktoren angeführt, welche von außen die Regionalentwicklung beförderten (z.B. der Emslandplan in den 1950er Jahren oder die Ansiedlung von Großprojekten wie die Kraftwerke, Magnetschwebebahn oder Mercedes-Teststrecke). Doch mit dem Verweis auf andere Regionen, die ebenfalls von erheblichen regionalen Transferzahlungen und Industrieansiedlungen profitiert hatten und keine solch dynamische Entwicklung wie das Emsland verzeichneten, werden in den allermeisten Fällen diese Entwicklung als endogen verursacht bezeichnet. Damit wird das Narrativ etabliert, dass sich eine Region im Wesentlichen aus sich selbst heraus entwickelte, sich also am eigenen Schopfe packte und aus dem Sumpf, hier am Beispiel des Emslandes besser: aus dem Moor, gezogen hat.

Im Allgemeinen kann eine Kombination aus „harten" und „weichen" Faktoren für die erfolgreiche Entwicklung des Emslandes angeführt werden, die jeweils die Dimension exogen und endogen beinhalten. Als harte Faktoren werden die Bedingungen genannt, die nach neoklassischer Theorie die ökonomischen Voraussetzungen für eine prosperierende Entwicklung abgehängter Regionen sind: Günstige Angebotsfaktoren für die Unternehmen, ausgedrückt durch große Verfügbarkeit an billigen Arbeitskräften (große Vielfalt an Qualifikationsspektren, geringe Lohnhöhen), gute infrastrukturelle Erschließung, Verfügbarkeit an Fördermitteln für Investitionen, große Flächenverfügbarkeit und geringe Flächenkosten, geringe Steuersätze oder unternehmerfreundliches Verwaltungs- und Arbeitnehmerhandeln (wenig Arbeitskonflikte). Bei den weichen Faktoren dominiert bei den Erklärungsversuchen neben personellen Faktoren, die starke und innovativ agierende Persönlichkeiten in ansässigen Regionen oder Verwaltungsstrukturen als zentrale Ursache einer erfolgreichen Regionalentwicklung ansehen, das wirkende Image, Netzwerke/Kooperationsstrukturen, eine angenommene regionale „Mentalität" oder ein angenommenes „Alltags- oder Regionalbewusstsein".

Dem Narrativ der vornehmlich endogen bestimmten Erfolgsgeschichte soll hier eine andere Sichtweise entgegengestellt werden, die anhand von vier Aspekten aufgespannt wird.

1. „Regionalkultur", regionale Mentalität oder ländliche „Gemeinschaft"

Es soll gar nicht in Abrede gestellt werden, dass sich kulturelle Ausprägungen regional differenzieren können und im Prozess der globalisierten Homogenisierung immer wieder neu produziert werden. Die Arbeiten zu diesem theoretisch komplexen und vielschichtigen Feld und den wenigen substanziellen empirischen Arbeiten verdeutlichen aber große methodische Schwierigkeiten und lassen sich oftmals nur wenig erhärteten.

In vielen Arbeiten wird gerade im Emsland eine spezifische regionale Kultur ausgemacht, dort herrsche noch ein „aktives Dorfleben" und eine „lokale Verantwortungsgemeinschaft" (Damm 2017). Ein Beispiel der Beschreibungen stammt von einer viel beachteten Studie der Uni Kaiserslautern zu „Erfolgsbedingungen" für eine positive wachstumsorientierte Regionalentwicklung. Danach zeichne sich das Emsland durch „ein Gemeinschaftsgefühl sowie eine Mentalität, die sich durch enormen Fleiß, hohes bürgerschaftliches Engagement, Bescheidenheit und eine hohe regionale Identität" aus (Domhardt u.a. 2009, S. 149). Mit ähnlichen Zuschreibungen argumentieren die Autoren des Regionenvergleichs Emsland und Bodenseeregion (Danielzyk u.a. in diesem Band). Die Emsländer seien fleißig und besitzen ein ausgeprägtes Gemeinschaftsgefühl, wobei die personellen Eigenschaften auf die gesamte Bevölkerung verallgemeinert wird, und zwar in einer Weise, dass diese Charaktereigenschaften in anderen Regionen weniger stark ausgeprägt seien. Allerdings liegen für solch weitreichenden Aussagen so gut wie gar keine vergleichenden empirischen Befunde vor. Vielmehr werden solche Aussagen fast ausnahmslos durch Selbstbeschreibungen mittels qualitativer Interviews von Schlüsselpersonen belegt. Damit können natürlich keine objektiven Verhaltensweisen gemessen, sondern in erster Linie nur die Eigenwahrnehmung in diskursiven Praktiken ermittelt werden.

Für das „aktive Dorfleben" und das überdurchschnittlich wirksame Gemeinschaftsgefühl werden in der Regel ehrenamtliches Engagement in zivilgesellschaftliche Strukturen wie Vereinen angeführt. Doch die wenigen Daten, die für vergleichbare Betrachtungen vorliegen, bestätigen kein überdurchschnittlich ausgeprägtes Dorfleben. So zeigen die Mitgliedschaftszahlen in Sportvereinen im Emsland nur ein sehr leicht überdurchschnittliches Niveau. Während in Niedersachsen insgesamt Anfang 2015 34 Prozent der Bevölkerung Mitglied in einem Sportverein war, betrug der Organisationsgrad im Emsland 35,6 Prozent, der Grad z.B. in Ostfriesland (mit Ausnahme von Leer) liegt dabei deutlich höher (LSB 2016). Zwar bestätigen die Daten, dass die Vereinsmitgliedschaft in den ländlichen Regionen in der Regel höher ist als in den kreisfreien Städten – bei kontinuierlichem Mitgliederschwund, doch das Emsland zeigt innerhalb der ländlichen Regionen keinen auffällig hohen Wert.

In theoretischer Hinsicht ist auch die basale Annahme verbreitet, dass sich gerade in ländlich-peripheren Regionen eine dörfliche Gemeinschaft als Art von „community" erhalten hat, die andernorts bereits längst von der Moderne zerstört wurde und die einen produktiven und stabilen Anker sowohl sozial als auch ökonomisch für die involvierten Akteure darstellt. Denn die Moderne habe in anderen Regionen „weniger stabile Grundlagen sozialer Interaktion" geschaffen (Cooke 1992, S. 36) und das Soziale weitgehend „entbettet". Das Bild der ländlichen Idylle von stabilen sozialen Beziehungen, vertrauensvollem Umgang oder enger sozialer Nähe wird hier mindestens implizit zugrunde gelegt und als Quelle von positiver ökonomischer Entwicklung angenommen (vgl. Kröcher 2007, Kap. 4). Diese problematische theoretische Basisannahme mag ein Grund dafür sein, dass in vielen Beschreibungen – auch des Emslandes – die besondere Rolle von „Gemeinschaft" herausgestellt wird, ohne sie konkreter zu belegen.

2. Exogene Einflussfaktoren: Migration, Ansiedlungen und Fördermittel

Gegen die Dominanz von sogenannten endogenen Faktoren müssen aus meiner Sicht zentrale Entwicklungen angeführt werden, die maßgeblich von außen auf die Region eingewirkt haben und die erheblich zur positiven Entwicklung des Emslandes beigetragen haben:

Die erste ist charakterisiert durch Phasen der Zuwanderung, die nicht zu unterschätzende Entwicklungsimpulse nach sich gezogen haben dürften. Im Rahmen der Beschreibung der Entwicklung des Emslandes wird zwar auf die positive Bevölkerungsentwicklung hingewiesen, diese aber vorrangig anhand des positiven natürlichen Bevölkerungssaldos belegt. Im Emsland lag in der Tat eine weit überdurchschnittlich hohe Geburtenrate vor, allerdings überstieg erstmals 2008 die Zahl der Sterbefälle die der Geburtenfälle, so dass sich – wie andernorts seit langem üblich – seit dem eine negative Bilanz einstellte. Die Zuwanderung in unterschiedliche Phasen hatte aber vermutlich einen deutlich stärkeren Einfluss auf die positive wirtschaftliche Entwicklung des Emslandes. Diese Zuwanderungsphasen werden zwar immer wieder erwähnt, werden aber nicht systematisch gewürdigt. Und eine Zuwanderung in erheblichem Ausmaß bedeutet natürlich das genaue Gegenteil von endogener Entwicklung. Auch wenn ich hier auch diese notwendige systematische Würdigung nicht vornehmen kann, möchte ich die Zuwanderung zumindest näher charakterisieren.

Neben Phasen mit dominanter Abwanderung und negativer Wanderungsbilanz, bei denen das Emsland als Arbeitskräftereservoir für andere Regionen fungiert, besonders in den 1970er und 1980er Jahre, waren auch Phasen mit erheblichen Zuwanderungsgewinnen zu verzeichnen. Sowohl nach dem zweiten Weltkrieg mit dem Zuzug von Kriegsflüchtlingen als auch die starken Wanderungsgewinne zwischen 1988 und 1996, welche vor allem das Ergebnis des Zuzugs von Spätaussiedlern aus den Ländern der ehemaligen Sowjetunion waren, und die besonderen Wanderungsgewinne von Niederländern in den 2000er Jahren (Landkreis Emsland 2016), die aufgrund der günstigeren Immobilienpreise diesseits der Grenze zunehmend die deutsche Seite als Wohnstandort für sich entdeckten (NOZ 2015), zeugen von exogen ausgelösten Einflüssen.

Gerade die Zuwanderung der Spätaussiedler war zwar zunächst eine starke Belastung der sozialen Infrastruktur und eine große Integrationsherausforderung, doch repräsentierte das zugezogene Milieu relativ gut die Arbeitsnachfrage der lokal ansässigen Betriebe und erhöhte das Arbeitsangebot gerade auf dem unteren und mittleren Arbeitsmarktsegment, so dass der Entwicklungspfad zu einer „Kostenführerschaft" weiter beschritten werden konnte.

Als zweiten exogenen Faktor sind die in die Region geflossenen Fördermittel zu nennen, die bezogen auf das Emsland manchmal unberücksichtigt bleiben und manchmal zwar Erwähnung finden aber als nicht besonders erklärungsrelevant eingestuft werden. Bei der wirtschaftshistorischen Betrachtung der Entwicklung anderer erfolgreicher Räume wird den exogen ausgelösten Finanzströmen allerdings eine erklärende Funktion zugeschrieben, z.B. die staatlichen Rüstungsaufträge an Unternehmen in der Region München oder in Kalifornien nach dem zweiten Weltkrieg; letzteres wird oftmals als eine Bedingung für den Aufstieg des Silicon Valley zur führenden High-Tech-Region angeführt. Im Falle des Emslands waren dies sicherlich der Emslandplan bzw. die damit verbundenen Förderprojekte. In den verschiedenen Phasen bei der Umsetzung des Emslandplans über die Emsland GmbH wurden insgesamt ca. 1 Mrd. Euro vor allem in die infrastrukturelle Erschließung der Region investiert (Schüpp 2002, S. 527), von denen ein Großteil externe Fördermittel von Land und Bund waren. Allerdings umfasste das Zielgebiet der Emsland GmbH nicht nur den Landkreis Emsland sondern auch zusätzlich kleine Teile der Kreise Cloppenburg, Grafschaft Bentheim, Leer, Vechta und des nördlichen Osnabrücker Landes. Diese erheblichen Fördersummen relativieren zumindest die Erzählung der vollständig auf endogenen Faktoren basierende Entwicklung. Auch in neuerer Zeit flossen erhebliche externe Fördermittel in das Emsland (Troeger-Weiß 2008, S. 33f.).

Ein dritter exogener Faktor stellen Ansiedlungen in den 1960er und 1970er Jahre von Großprojekten und Betrieben dar, die nicht zum endogenen Wachstumsnarrativ zusammenpassen. Es wurden in Lingen zwei Kernkraftwerke, ein Gaskraftwerk, ein Stahlwerk sowie Chemie- und Kunststoffverarbeitungswerke, in Meppen ein Gas-Kraftwerk, in Dörpen eine Papierfabrik sowie die Transrapid- und Fahrzeugteststrecken in Lathen und Papenburg errichtet.

Mitunter wurde das Emsland als Idealform eines Raumtyps bezeichnet, der als „ländlicher Auffangraum" für andernorts nicht durchsetzbare und problematische Funktionen geradezu prädestiniert schien (Ache u.a. 1991).

3. Weitgehend „unberührtes Neuland"

Einen dritten Aspekt, der m.E. in der Entwicklung des Emslandes vielfach wenig Beachtung findet, resultiert aus dem Umstand, dass sich die Region nach dem zweiten Weltkrieg auf einem äußerst niedrigen Entwicklungsstand befand. Weite Teile der Bevölkerung hatten, von den wenigen städtischen Kernen abgesehen, ihre ökonomische Basis in einer relativ unproduktiven Landwirtschaft, die eher Assoziationen mit mittelalterlichen denn mit neuzeitlichen Sozialstrukturen weckten. Weite Landstriche waren nur durch mechanisierte Landwirtschaft bewirtschaftet und wenig anthropogen überformt. Die vielen historischen Beschreibungen der absoluten Armut des kleinbäuerlichen Daseins in den emsländischen Moorgebieten zeugen von einer sehr isolierten Lebensweise mit Subsistenzcharakter, bei der jeder Modernisierungsprozess als ungeheuerlichen Fortschritt angesehen werden musste. Wirtschaftshistorisch vollzog das Emsland damit die Entwicklung vom vorindustriellen Zeitalter in die Neuzeit innerhalb nur einer Generation in rasanter Geschwindigkeit.

Aus der Perspektive der modernen, sich entwickelnden Industriekerne kann das Emsland damit als weitgehend „unberührtes Neuland" bezeichnet werden. Einerseits weil in der Region neben Landwirtschaft keine anderen wirtschaftliche Sektoren nennenswerte Konkurrenzen oder Entwicklungsfaktoren darstellten und im wahrsten Sinne des Wortes „freier Raum" zur Entfaltung vorhanden war. Kleingewerbliche, handwerkliche, industrielle oder Handelsstrukturen waren dort, abgesehen von den Kleinstadtzentren, nur rudimentär ausgeprägt. Und andererseits fehlten damit zusammenhängende Sozialstrukturen und die damit einhergehenden „(industriellen) Beziehungen", wie sie in anderen, auch ländlichen Regionen durchaus stärker verbreitet waren. Die Basis für soziale Kämpfe zwischen Arbeit und Kapital der Industrieregionen (bei gleichzeitiger innerindustrieller Konkurrenz) oder auch zwischen und innerhalb handwerklicher Strukturen, z.B. des Verlagswesens, die durchaus eine Begleiterscheinung seit der Frühphase der Moderne waren, war im Emsland schlicht nicht vorhanden. Damit konnte sich die industrielle Entwicklung in ihrer spätmodernen Variante weitgehend ungehindert und ungebrochen entfalten – nicht zuletzt auch wegen des in kürzester Zeit real eingelösten Aufstiegsversprechens und der spürbaren Verbesserung der Lebensbedingungen der übergroßen Mehrheit der Bevölkerung. Auch in räumlicher Hinsicht und im Hinblick auf die Abschöpfung der regionalen Arbeitsmarktpotenziale gab es so gut wie keinerlei Konfliktsituationen, die eine Entwicklung hätte behindern können. Diese zeichnen sich erst in jüngerer Zeit ab, wie die Auseinandersetzungen um die Intensivlandwirtschaft als „Imageproblem" für die anderen Wirtschaftsbranchen zeigen.

Dieser von mir angeführte Erklärungsfaktor „unberührtes Neuland" knüpft an regulationstheoretisch inspirierten Regionalforschungsansätzen (vgl. z.B. Storper/Scott 1990, Danielzyk 1998) an, die den Aufstieg neuer Wachstumsregionen abseits der altindustrialisierten fordistisch geprägten Regionen identifizierten. Die damals als neuartig angesehene Produktionsweise der „flexiblen Spezialisierung" entwickelte sich „im allgemeinen am besten an Orten, wo die in fordistischen Industrieregionen aufgebauten sozialen Bedingungen entweder umgangen werden konnten oder nicht existierten" (Storper/Scott 1990, S. 136) Die tradierten industriellen Beziehungen und politökonomisch verfestigten Strukturen wurden sogar als ein Innovationshemmnis für einen gelingenden Strukturwandel ausgemacht (Grabher 1993). Im Emsland fehlten also solche tradierten, verfestigten Strukturen (z.B. starke Gewerkschaften, relativ geschlossene Arbeitsmärkte), so dass eine seltene Kohärenz in der regionalen Entwicklung der Moderne widerspruchsfrei hergestellt werden konnte. Diese Kohärenz knüpfte an soziale Beziehungen an, die in ländlichen Regionen als relativ intakt und territorial integriert galten und die im Zuge der Moderneentwicklung nicht zerstört wurden, die also in Regionen vorzufinden sind, „die von Urbanisierung und Industrialisierung unberührt blieben" (Cooke 1992, 36).

4. Starke Verwaltung und homogene politische Kultur

In einigen Studien wird die besondere Rolle von starken, durchsetzungsfähigen Persönlichkeiten für eine erfolgreiche Regionalentwicklung angeführt. Mehrfach wird dabei „der hohe Stellenwert ‚starker' Persönlichkeiten aus Politik und Wirtschaft" (Troeger-Weiß 2008, S. 50) oder von „örtlichen Schlüsselfiguren" (Damm 2017, S. 34) genannt, die als eine Art „Macher" (ebd., S. 35) entscheidenden Einfluss auf die Entwicklung der Region nehmen. Vor allem werden bezogen auf das Emsland immer wieder und in allen historischen Perioden die politischen Führungskräfte der Verwaltungsstrukturen in der Region genannt, die meist eine lange Wirkungszeit besaßen. Ein jüngeres Beispiel ist der ehemalige Oberkreisdirektor und Landrat Hermann Bröring, der die politischen Geschicke des Landkreises Emsland ab 1991 insgesamt 20 Jahre lang lenkte.

Mein Argument gegen die hervorgehobene Rolle von einzelnen Personen richtet sich letztlich gegen eine Individualisierung der Erfolgsfaktoren für eine erfolgreiche Regionalentwicklung. Natürlich können solche Personen identifiziert werden, sie treten aber in der Regel in allen lokalen Milieus auf, auch in Schrumpfungsregionen. Zudem ist „der hohe Stellenwert starker Persönlichkeiten" nur vor dem Hintergrund der strukturellen Bedingungen verständlich. In einer Region mit jahrzehntelanger eindeutiger politischer Hegemonie einer Partei (CDU) und einer kaum ausgeprägten Konkurrenz innerhalb der politischen und wirtschaftlichen Eliten besteht ein ideales Milieu zur wirksamen Entfaltung solcher Persönlichkeiten. Denn nur vor diesem Hintergrund können auch die „weak ties" von Netzwerken wirken: es kann in diesem homogenen politischen Milieu mittels „kurzer Drähte" kommuniziert werden und „vertrauensvoll", aber durchaus hierarchisch, die Richtung einer kohärenten Regionalentwicklung entwickelt werden.

Und für die besondere Wirksamkeit beispielsweise des damaligen Landrats Bröring ist vor allem eine starke Verwaltungsstruktur mit über 1.300 Beschäftigten der Kreisverwaltung verantwortlich, die der Landkreis Emsland als der damals größte Landkreis in der alten Bundesrepublik besaß. Dies unterscheidet das Emsland auch von anderen Regionen und unterstreicht, dass größere regionale Einheiten, bei einer entsprechenden Formierung und

Aufstellung, einen Vorteil für das kohärente politische Handeln bieten. Eine solche Verwaltungsstruktur dürfte auch mitverantwortlich sein für die spezifische Ausbildung der Netzwerkstruktur im Emsland, die im Rahmen einer der wenigen qualitativen Studien zu diesem Thema zu dem Ergebnis gelangt, dass dortige Netzwerke eher hierarchisch geprägt sind. „Es entsteht der Eindruck, die Kontakte seien eher auf die Erreichung von Zielen gerichtet, die von einem zentralen Akteur bzw. einer zentralen Clique koordiniert und durchgesetzt werden." (Hachmöller/Schrader 2001, S. 142). Und für das wirksame Umsetzen und Durchsetzen von Projekten ist eine starke Verwaltung und eine weitgehend homogene politische Kultur die besten Voraussetzungen.

Fazit

Insgesamt sollten meine vier Ausführungen den Versuch darstellen, die Regionalentwicklung des Emslandes nicht eingeschränkt nur mit endogenen Entwicklungen zu erklären. Zudem sollte deutlich geworden sein, dass methodisch die Auswertung von Selbstbeschreibungen von regionalen Akteuren zumindest einer kritischen Filterung und kontextuellen Interpretation bedarf. Auch stellt sich die Frage, ob man sich nicht stärker als bisher von tradierten Vorstellungen von ländlichen Räumen im Allgemeinen lösen und konkrete Regionen mehr als Entitäten verstanden werden müssen. Das Aufspüren und nachzeichnen von Kräfteverhältnissen und Konflikten zwischen und innerhalb sozialer Klassen sowie das Rekonstruieren der vielfältigen Netzwerkbeziehungen und Einflüsse derselben außerhalb der Region erscheint der ertragreichere Weg für die Erklärungssuche von Entwicklungen einzelner Regionen zu sein.

Literatur

Ache, P.; Bremm, H.-J.; Kunzmann, K.R.: (1991): Auswirkungen des europäischen Binnenmarktes auf die Raum- und Siedlungsstruktur in Westdeutschland. In: BMBau (Hrsg.): Raumordnerische Aspekte des EG-Binnenmarktes. Bonn, S. 1-235.

Cooke, P. (1992): Locality, Struktur und Agency. In: Häußermann, H. (Hrsg.): Ökonomie und Politik in alten Industrieregionen Europas. Probleme der Stadt- und Regionalentwicklung in Deutschland, Frankreich, Großbritannien und Italien. Basel, Boston, Berlin, S. 35-52.

Damm, T. u.a. (2017): Von Kirchtürmen und Netzwerken. Wie engagierte Bürger das Emsland voranbringen (Berlin-Institut für Bevölkerung und Entwicklung). Berlin.

Danielzyk, Rainer (2007): Strategien von Wachstumsregionen in peripheren Räumen – Das Beispiel Emsland. In: Köhler, Stefan (Hrsg.): Wachstumsregionen fernab der Metropolen. Chancen, Potenziale und Strategien (Arbeitsmaterial der ARL, Nr. 334), Hannover, S. 31-60.

Domhardt, H.-J. u.a. (2009): Erfolgsbedingungen von Wachstumsmotoren außerhalb der Metropolen (Arbeitspapiere zur Regionalentwicklung. Elektronische Schriftenreihe des Lehrstuhls Regionalentwicklung und Raumordnung, Band 3), Kaiserslautern.

Grabher, G. (1993) The weakness of strong ties. The lock-in of regional development in the Ruhr-Area. In: Grabher, G. (Hrsg.): The Embedded Firm. On the Socioeconomics of Industrial Networks. London, S. 255-277.

Hachmöller, G.; Schrader, H. (2001): Entwicklungsdynamik und Sozialkapital in ländlichen Räumen – zwei Fallbeispiele aus Niedersachsen. In: Gesellschaft für Regionalforschung

Kröcher, U. (2007): Die Renaissance des Regionalen. Zur Kritik der Regionalisierungseuphorie in Ökonomie und Gesellschaft. Münster.

Kröcher, U. (2017): Emsland. Beispiel erfolgreicher Entwicklung einer ländlichen Region.

Landkreis Emsland (2016): Demografie. Aktuelle Entwicklungen und Tendenzen im Landkreis Emsland. Meppen.

LSB (2016): Organisationsgrad im Verhältnis zur Bevölkerungszahl. (www.lsb-niedersachsen.de/fileadmin/user_upload/2015_10_Organisationsgrad_im_verh_Bevoelkerungszahl.pdf)

NOZ (2015) Neue Osnabrücker Zeitung: Niederländer zieht es ins nördliche Emsland, v. 31.08.2015.

Schüpp, H. (2002): Besatzungsherrschaft und politischer Neubeginn nach dem zweiten Weltkrieg. In: Franke, W. u.a. (Hrsg.) (2002): Der Landkreis Emsland. Geographie, Geschichte, Gegenwart. Eine Kreisbeschreibung. Meppen, S. 500-527.

Storper, M./Scott, A.: (1990): Geographische Grundlagen und gesellschaftliche Regulation flexibler Produktionskomplexe. In: Borst, R. u.a. (Hrsg.): Das neue Gesicht der Städte. Theoretische Ansätze und empirische Befunde aus der internationalen Debatte. Basel, Boston, Berlin, S. 130-149.

Troeger-Weiß, G. u.a. (2008): Erfolgsbedingungen von Wachstumsmotoren außerhalb der Metropolen. (BBR: Werkstatt: Praxis Heft 56). Bonn.

Reiner Klingholz

Von Kirchtürmen und Netzwerken: Wie engagierte Bürger das Emsland voranbringen[1]

Immer wieder stellt sich die Wissenschaft und die Politik die Frage: Warum leiden gerade metropolenferne, ländliche Regionen besonders stark unter dem demografischen Wandel? Die Antwort ist relativ einfach, denn die Gründe sind strukturell bedingt. Der ländliche Raum hat seine ursprüngliche, historische Rolle verloren – die Nähe zum ländlichen Arbeitsplatz. Bauern und Gewerbetreibende, die mit der Landwirtschaft zusammengearbeitet haben, Schmiede, Müller oder Schlachter, mussten und konnten gut auf dem Land leben.

Diese Zeiten sind längst Geschichte, denn in der Landwirtschaft in Deutschland arbeiten nur noch 1,5 aller Beschäftigten. In der Folge dieses Strukturwandels musste sich das Land neu erfinden um die Bevölkerung zu halten. Ländliche Regionen sind heute stabil, weil sie in Pendeldistanz zu den urbanen Arbeitsplätzen liegen oder vom Tourismus profitieren, der ausreichend Beschäftigung bietet und von alten und neuen Unternehmen, die auch auf dem Land existieren können.

---

[1] Dem vorliegenden Beitrag liegt folgende Studie zugrunde: www.berlin-institut.org/fileadmin/user_upload/Von_Kirchtuermen_Und_Netzwerken/Von_Kirchtuermen_Und_Netzwerken_Online.pdf

Reiner Klingholz

Die strukturellen Probleme peripherer, ländlicher Räume

Orte, die diese Eigenschaften nicht vorweisen können, haben es aus fünf wesentlichen Gründen schwer: Erstens entstehen neue Jobs in wissensintensiven Gesellschaften wie der deutschen tendenziell in Ballungszentren, wo eine kritische Masse aus innovativen Unternehmen, Forschungseinrichtungen und klugen Köpfen zusammenkommt. Dazu sind in der Regel mindestens einige 100.000 Menschen notwendig.

Zweitens kommen heute in ländlichen Regionen fast genauso wenig Kinder zur Welt wie in den Städten. Immer schon sind vor allem junge Menschen in die Städte abgewandert, aber weil die Nachwuchszahlen in den Dörfern früher deutlich höher lagen, ließen sich die Verluste leicht kompensieren. Heute aber bleibt dem Land wenig demografisches Potenzial um sich zu stabilisieren.

Drittens haben in den letzten Jahren Stadterneuerungsprogramme die Zentren massiv aufgewertet. Städte sind deutlich attraktiver geworden, mit Arbeitsmöglichkeiten für Frauen und Männer, mit Bildungseinrichtungen und besseren Betreuungsangeboten für Kinder, mit kulturellen Angeboten und moderner Architektur. Einen entsprechenden Modernisierungsschub hat es in ländlichen Gebieten nicht gegeben, die vielfach noch den Charme der 1970er und 1980er Jahre ausstrahlen.

Viertens haben sich die Bildungswerte in Deutschland über die vergangenen Jahrzehnte deutlich verbessert. Mehr junge Menschen machen heute Abitur und suchen danach einen hochwertigen Ausbildungs- oder Studienplatz, den sie eher in den urbanen Zentren finden. Von dort aber kehrt meist nur eine Minderheit später in ihre alte ländliche Heimat zurück.

Fünftens verschlechtern sich die Infrastrukturangebote in Regionen, die unter der Abwanderung leiden. Busse stellen ihre Liniendienste ein, Geschäfte, Schulen und Banken schließen, die ärztliche Versorgung schwindet. Abwanderung erzeugt so leicht eine Abwärtsspirale, welche die Attraktivität für die Anwohner und erst Recht für potenzielle Zuzügler weiter sinken lässt.

Sonderfall Emsland

Von derartigen peripheren, ländlichen Gebieten gibt es in Deutschland viele, vor allem in den ohnehin dünner besiedelten neuen Bundesländern, aber auch im Westen, entlang der ehemaligen Zonengrenze – vom Harz bis in den Bayerischen Wald –, in Mittel- und Nordhessen, in der Südwestpfalz oder im Hunsrück. Auch das Emsland fällt auf den ersten Blick in diese Kategorie.

Das Emsland ist das sprichwörtliche „platte Land" und doch ist es ganz anders: Hier mangelt es nicht an Jobs. Die Arbeitslosigkeit ist gering. Ein wettbewerbsfähiger Mittelstand sorgt fast für Vollbeschäftigung. Das Bruttoinlandsprodukt je Einwohner liegt auf Bundesschnitt, aber deutlich über dem Mittelwert von Niedersachsen. In Sachen wirtschaftliche Wertschöpfung nimmt das Emsland den Spitzenplatz unter allen dünn besiedelten Kreisen Deutschlands ein.

Eine Folge dieses wirtschaftlichen Erfolges ist eine wachsende Bevölkerung. Seit 1970 hat das Emsland rund 40 Prozent an Einwohnern hinzugewonnen, im Bundesmittel waren es lediglich 10 Prozent. Der Zuwachs gründet zum einen auf einer relativ jungen Bevölkerungsstruktur, zum anderen auf der arbeitsmarktbedingten Zuwanderung aus dem In- und Ausland.

Warum aber ist das Emsland so erfolgreich und kann sich von dem generellen Abwärtstrend vieler ländlichen Räume abkoppeln? Aus anderen Studien zu ländlichen Gebieten wissen wir, dass eine gute Wirtschaftslage und Arbeitsplätze wichtige Stabilitätsfaktoren sind, dass der entscheidende Faktor für die Attraktivität auf dem Lande die Menschen und ihre Tatkraft ist. Das Engagement für eigene Belange ist ein wichtiger Standortvorteil, was sich schon daran zeigt, dass die Vereinsdichte hoch mit der demografischen Stabilität korreliert. In diesen Gebieten stößt man nicht nur auf engagierte Bürger, auch Unternehmer und Bürgermeister sind oft in der Lage, etwas auf die Beine zu stellen und andere mitzureißen.

Die Menschen im Emsland leben das vor, was früher in ländlichen Gebieten unabdingbar war: subsidiäres, eigenverantwortliches Handeln. Anders als in Städten, wo viele Dinge öffentlich organisiert sind, waren die Menschen in den Dörfern des armen Emslandes gewohnt, Verantwortung zu übernehmen, denn

Hilfe von außen konnten sie lange Zeit nicht erwarten. Bis heute gelten die Menschen als heimatverbunden, kirchentreu und im besten Sinne konservativ. Sie wissen, was sie zu leisten in der Lage sind, und haben sich dadurch über die Jahre hinweg ein positives Selbstbild von erarbeitet. Die zivilgesellschaftlichen Strukturen werden getragen von Sport-, Heimat- und Schützenvereinen, von der Nachbarschaftshilfe und von den Kirchen. Mit ihrem starken Engagement unterscheiden sich die Emsländer von anderen entlegenen Gebieten, die sich mitunter als Opfer des Strukturwandels sehen und sich diesem kampflos ergeben.

Wie das Engagement im Emsland funktioniert

In der Studie „Von Kirchen und Netzwerken" haben wir die Region analysiert und drei Gemeinden besonders intensiv untersucht. Wir haben mit den Aktiven aus Vereinen, der freiwilligen Feuerwehr, der Landjugend, mit Vertretern der Kirchengemeinden und der Kommunalpolitik sowie auf regionaler Ebene mit Hauptamtlichen der Verbände, der Kirchen, und Kreisverwaltung gesprochen. Ziel war es, die ehrenamtlichen Strukturen vor Ort in ihrer Funktion zu verstehen. Dabei wurden drei Ebenen des Engagements deutlich:

Soziale Ebene

Die unterste Ebene beschreibt das soziale Miteinander der Bewohner, welches den Kern der aktiven Dorfgemeinschaften bildet. Die Dörfer im Emsland sind noch weitgehend eigenständig und kleinteilig organisiert. Die Bewohner übernehmen viele Aufgaben, als ehrenamtliche Bürgermeister, bei der freiwilligen Feuerwehr, in den Vereinen und Kirchengemeinden. Dies geschieht mit einer großen Selbstverständlichkeit, oft aus Familientradition. Auf Festen, in den Vereinen und in der Kirche kommen die Menschen zusammen, es gibt kaum Anonymität in den Orten.

Auf dieser Ebene setzen die Menschen viele Ideen um und gestalten damit ihr Lebensumfeld. Sie fühlen sich in hohem Maße verantwortlich für ihr Dorf, für das, was dort passiert und vorgeht. Sie sind überzeugt, dass sie mit ihrem Handeln etwas im eigenen Lebensumfeld bewirken können. Sie erwarten das nicht unbedingt von höherer Instanz. Dadurch spüren die Menschen eine Selbstwirksamkeit – ein positives Wir-Gefühl. Sie fühlen sich nicht benachteiligt, fremdbestimmt oder schlecht behandelt von der großen Politik. Es ist deshalb kein Zufall, dass die AfD als Partei der Vernachlässigten im Emsland die schlechtesten Ergebnisse bei der letzten Bundestagswahl erzielt hat.

Dass das Miteinander so gut funktioniert, liegt auch daran, dass die Bewohner in sozialen Netzwerken eingebunden sind. Als Nachbarn, Bekannte oder Vereinsgenossen wissen sie, wen sie bei bestimmten Vorhaben ansprechen müssen. Ein Beispiel aus der Gemeinde Werpeloh: Dort entwickelten die Dorfbewohner die Idee eines Mehrgenerationenhauses als Ort, wo alle Vereine und Gruppen ihren Platz finden und alle möglichen Aktionen stattfinden können. Zur Umsetzung der Idee haben sich alle Vereine von Werpeloh zusammengetan, sie haben andere Akteure ins Boot geholt, etwa die Kirche, und schließlich eine Finanzierung aufgetan, bei der Kommune, der Kirchengemeinde und der lokalen Wirtschaft. Einen großen Teil der Arbeit haben sie in Eigenleistung vollbracht, wie den Rückbau des alten Gebäudes. Auch beim Neubau haben sie ordentlich mitgeholfen.

Kommunale Ebene

Die Menschen vor Ort wären allerdings nicht in der Lage das zu leisten, was sie tatsächlich erbringen, wenn sie nicht die Unterstützung von der nächsthöheren Ebene hätten. Hier kommen sie kommunalen Institutionen ins Spiel, die das Gerüst für das lokale Engagement stellen. Sie bieten die Strukturen, in denen die Engagierten leicht vorwärtskommen. So unterstützen die Kommunen die Aktiven neben der klassischen Vereinsförderung auf vielfältige Weise. Sie stellen beispielsweise Räumlichkeiten und Infrastrukturen zur Verfügung. Zusätzlich gibt es in fast jeder Gemeinde im Emsland einen Ansprechpartner im Bereich Ehrenamt. Diese Personen informieren die Aktiven über Qualifizierungsangebote des Kreises und helfen bei der Suche nach Fördermitteln. Etwa 20 kommunale Ansprechpartner treffen sich zudem zweimal jährlich und tauschen sich über Probleme und Lösungsansätze aus. So können Ideen und Erfahrungen leicht von Dorf zu Dorf springen.

Die Kommune Emsbüren etwa hilft dabei, Zugezogene schnell mit den örtlichen Strukturen vertraut zu machen: Eine Vereinsdatenbank und eine Neubürger-Broschüre haben alle Informationen über Freizeitangebote oder Vereine zusammengetragen, die eine erste Orientierung geben, wenn sich Neubürger in der Region zurechtfinden müssen. Beim Bürgerbus in Emsbüren helfen hauptamtliche Mitarbeiter bei organisatorischen Dingen aus und übernehmen unliebsame bürokratische Aufgaben, damit sich die Ehrenamtlichen auf ihre eigentliche Tätigkeit konzentrieren können, nämlich die Bürger in dem Bus von A nach B zu fahren.

Regionale Ebene

Einige der Organisationen, die solche Projekte unterstützen, sind bereits Teil der dritten Engagementebene im Emsland. Dabei geht es um die regionalen Institutionen, die seit langem erkannt haben, wie wichtig das Engagement der Dorfbewohner für die Lebensqualität auf dem Land ist. Sie haben die Aktivität ihrer Bürgerinnen und Bürger sogar zu ihrem eigenen Markenzeichen gemacht: „Zuhause bei den Machern". Ihr Ziel der übergeordneten, regionalen Ebene ist es, möglichst gute Rahmenbedingungen für die lokalen Initiativen zu schaffen. Dazu gehören eigene Förderprogramme, Bezuschussung von Zeltlagern, finanzielle Unterstützung bei Baumaßnahmen beispielsweise für Heimathäuser. Landrat oder kirchliche Institutionen stellen wichtige Informationen zum Versicherungsschutz oder sonstigen rechtlichen Fragen zusammen und bieten eine Reihe von Weiter- und Fortbildungsmaßnahmen für die engagierten Bürger an. Im Programm „Fit für Vorstand" bekommen Engagierte das Handwerkszeug für die Vorstandarbeit vermittelt, etwa für die Presse- und Öffentlichkeitsarbeit, oder zu Fragen des Steuer- und Versicherungsrechts.

Im Wesentlichen lassen sich die erfolgreichen ehrenamtlichen Strukturen in drei Punkten zusammenfassen:
1. Gute vernetze, engagierte Dorfbewohner mit einem stark ausgeprägten subsidiären Verständnis gehen lokale Herausforderungen an.

2. Sie sind dabei aber nicht auf sich allein gestellt, sondern erhalten dafür die entsprechende Unterstützung seitens der Kommunen und des Kreises.
3. Neben finanzieller Förderung und Weiterbildungsangeboten können die freiwillig Aktiven bei der Verwaltung, in der Kirche oder den Verbänden Ansprechpartner erwarten, die ihnen bei organisatorischen oder rechtlichen Fragen weiterhelfen. Die Aktiven wissen bei Problemen stets, an wen sie sich wenden und von wem sie kurzfristig Hilfe bekommen können. Die drei beschriebenen Ebenen arbeiten ungewöhnlich gut zusammen. Von oben können Bistum, Caritas und Landkreis, Ideen, Fortbildung und Geld in die Ehrenamtslandschaft einspielen. Sie anerkennen dabei aber immer, dass die eigentliche Arbeit vor Ort auf den unteren Ebenen, in den Dörfern verankert bleibt. Damit bleiben die subsidiären Strukturen genutzt, lebendig und zukunftsfähig.

Neue Herausforderungen erkennen und bewältigen

Das Mit- und Füreinander im Emsland wirkt mitunter wie aus der guten, alten Zeit gefallen. Doch auch dort stehen gesellschaftliche Veränderungen an, die das althergebrachte soziale Modell in Frage stellt: Alte landwirtschaftliche Strukturen, die einst den Kern der Dorfgemeinschaft gebildet haben, fallen weg. Die heute üblichen Großmastbetriebe sind nicht mehr unbedingt Identifikationsunternehmen. Der demografische Wandel findet auch im Emsland statt und Zuzügler von außen werden nicht automatisch Teil der traditionellen Gemeinschaft. Schließlich verliert die Kirche in einer säkularer werdenden Welt an Einfluss.

Interessanterweise haben die Emsländer die Zeichen der Zeit längst erkannt und versuchen sich auf den Wandel einzustellen. So bedeutet der demografische Wandel, dass die Gesellschaft altert und weniger Nachwuchs vorhanden ist. Für ältere Menschen wird es zunehmend schwieriger zum Arzt oder zum Einkaufen zu kommen, oft können sie nicht mehr alle Arbeiten im Haushalt selbst erledigen. Bei einigen besteht auch die Gefahr der Vereinsamung, weil sie nicht so stark in die dörfliche Gemeinschaft eingebunden sind. Aus diesen

Problemen sind neue Betätigungsfelder für das ehrenamtliche Engagement entstanden, etwa der Bürgerbus, mobile Einkaufswagen, Seniorennachmittage oder organisierte Nachbarschaftshilfen.

Weil die Menschen weniger Kinder haben als früher, fehlt es auch in den Vereinen an Nachwuchs. Die Bürger, die schon viel leisten, drohen mit jeder zusätzlichen Aufgabe überlastet zu werden. Womöglich ziehen sie sich dann ganz aus dem Ehrenamt zurück. An dieser Stelle ist es teilweise gelungen, dass Hauptamtliche bestimmte Aufgaben übernehmen, etwa bei Verwaltungsfragen. Gleichzeitig wird versucht, Zugezogene aus dem In- und Ausland möglichst schnell zu integrieren. Sie sind zwar, anders als die gebürtigen Emsländer, nicht mit den örtlichen Strukturen vertraut, es lassen sich aber Anknüpfungspunkte schaffen, damit dies zügig gelingt: Informationsbroschüren, Willkommensabende, Nachbarschaftsfeste, Schnupperangebote oder ein Tag der Vereine sind Möglichkeiten, wie Kirchen, Vereine oder Initiativen Zugezogene in den Kreis der Zivilgesellschaft aufnehmen können.

Auch im Emsland verändert sich generell die Engagementlandschaft: Neben den klassischen Formen in den Vereinen entstehen auch hier neue Formen den Engagements, die weniger verbindlich sind, zeitlich überschaubar, häufig themenspezifisch. Oft sind es dann überschaubare Projekte zur Dorferneuerung oder einmalige Veranstaltungen wie Helferkreise für Flüchtlinge, mit denen sich Neueinsteiger für das Ehrenamt begeistern lassen.

Das sogenannte „neue" Ehrenamt aktiviert dabei häufig auch Menschen, die bislang wenig in traditionellen Engagementstrukturen vertreten waren. Mittels der „Anpacker-App" des Bistums Osnabrücks beispielsweise können sich Interessierte schnell einen Überblick darüber verschaffen, welche Initiativen oder Vereine in ihrer Umgebung Unterstützung suchen.

Eine weitere Herausforderung für das Emsland ist, dass sich auch hier der Bezug der Menschen zu den Kirchen wandelt. Auch hier werden die Gotteshäuser sonntags leerer, sie verlieren an Mitgliedern und damit an Einfluss. Im Emsland ist die Kirche bislang aber eine wichtige Stütze und ein wichtiger Treiber für soziale Aktivitäten geblieben. Viele Menschen engagieren sich im Umfeld der Kirche, ehrenamtliche oder hauptamtliche Mitarbeiter unterstützen zahlreiche Projekte.

Während die Kirche früher eher für das Seelenheil der Menschen zuständig war, hat sie sich heute mehr zu einem sozialen Dienstleister gewandelt. Diese Rolle versucht sie weiter auszubauen. Sie dürfte mit ihren Kindertagesstätten, Krankenhäusern und Senioreneinrichtungen auch künftig viele Menschen erreichen und gerade für Engagierte eine Anlaufstelle sein. Umso wichtiger ist, dass sie mit ihren Angeboten alle Dorfbewohner und gesellschaftlichen Gruppen anspricht – nicht nur gläubige Mitglieder.

LEHREN FÜR DIE REGIONALENTWICKLUNG?

Boris Braun

Lehren für die Regionalentwicklung: Sind Erklärungsansätze erkennbar?

Gedanken zur Diskussion

Wenn Lehren aus erfolgreichen Beispielen der Regionalentwicklung gezogen werden sollen, stellt sich zunächst die Frage, was in diesem Zusammenhang Erfolg eigentlich ist und wie Erfolg bestimmt bzw. gemessen werden kann. Was sind sinnvolle Maßstäbe für Erfolg und an welchen Indikatoren lässt sich dieser festmachen?

Ein datentechnisch relativ einfach überprüfbarer Indikator wäre die Stabilisierung der demographischen Entwicklung. Eine metropolenferne Region wäre demnach erfolgreich, wenn es ihr gelingt, die Einwohnerzahl entweder konstant zu halten oder sogar zu steigern. Aber wer verlässt sie und wer kommt? Allein der Blick auf Wanderungssalden hilft hier nicht weiter. Die Zuwanderer könnten beispielsweise in Bezug auf das Alter oder die beruflichen Qualifikationen ganz andere Menschen sein als die Abwandernden. Und eine weitere Frage stellt sich ebenfalls: Bekommt die Region tatsächlich diejenigen jungen Menschen zurück, die die Region vor fünf oder zehn Jahren zur Ausbildung verlassen haben? Die Stabilisierung der demographischen Entwicklung ist zwar ein brauchbarer erster Grobindikator für Erfolg in der Regionalentwicklung, aber der Blick auf Einwohnerentwicklung, Geburtenzahlen oder Wanderungssalden wird alleine nicht ausreichen, um Bevölkerungsvorgänge ausreichend zu erfassen.

Ein weiterer, in der Regel eng mit der Bevölkerungsentwicklung verknüpfter Erfolgsindikator ist das Beschäftigungswachstum. Dieses wird oft als quantitatives Beschäftigungswachstum verstanden. Eine Region wäre also dann erfolgreich, wenn die Zahl der (sozialversicherungspflichtig) Beschäftigten ansteigt oder zumindest stabil bleibt. Was häufig weniger beachtet wird, ist das qualitative Beschäftigungswachstum, also die Frage, in welchen Sektoren und auf welchen Qualifikationsstufen sich die Zahl der Beschäftigten wie entwickelt. Dauerhaft erfolgreich kann eine Region vermutlich nur dann sein, wenn langfristig eine Höherqualifizierung auf dem regionalen Arbeitsmarkt erreicht werden kann. Die Entwicklung der Produktivität, des Bruttoinlandsprodukts pro Kopf oder der Einkommen wären weitere klassische ökonomische Messgrößen.

Ein Indikator ganz anderer Art – der allerdings deutlich schwerer quantitativ zu erfassen ist – könnte so etwas wie „Vielfalt des kulturellen Lebens" bzw. „kulturelle Wiederbelebung" sein. Offenbar hat beispielsweise das Wendland genau hierbei besondere Erfolge erzielt und damit die Identifikation der Menschen mit ihrer Region gestärkt. Auch dies kann eine erfolgreiche Region ausmachen, selbst wenn sich das regionale Selbstbewusstsein nicht (oder noch nicht) unmittelbar auf dem Arbeitsmarkt niederschlägt oder sich bei Unternehmensgründungen, Patentanmeldungen und anderen wirtschaftlichen Kennzahlen bemerkbar macht.

Bei den Versuchen, die Erfolge besonders dynamischer metropolenferner Räume zu erklären, finden sich immer wieder ähnliche Bestimmungsfaktoren: Sehr häufig gibt es dabei den Hinweis auf Schlüsselpersonen, die die richtigen Entscheidungen zum richtigen Zeitpunkt an der richtigen Stelle treffen. Diese Schlüsselakteure erkennen rechtzeitig die sich bietenden *windows of opportunity*, die sich aus der wirtschaftlichen Entwicklung oder aufgrund von Förderprogrammen der Bundesländer, des Bundes oder der Europäischen Union ergeben. Diese Schlüsselakteure sind unbestritten wichtig, um Möglichkeiten zu erkennen, zielführende Schritt anzustoßen und die Umsetzung zu begleiten. Diskutiert werden aber auch andere eher weiche, weil schwer in ihrer Bedeutung messbare Erfolgsfaktoren: das wirtschaftliche Milieu, die historische Entwicklung, die Risikobereitschaft und der Unternehmergeist der regionalen Bevölkerung, aber z. B. auch deren Bodenständigkeit. Ohne Zweifel sind diese weichen Faktoren wichtig. Trotzdem stellen sich hier zwei grundsätzliche Fragen: Lassen sich die kausalen Wirkungen von solchen Faktoren tatsächlich eindeutig bestimmen? Wie kann man sie über verschiedene Regionen vergleichen bzw. vergleichbar messen?

Ein weiteres Problem ist mit diesen Erklärungsansätzen ebenfalls verbunden: Die historischen Ausgangsbedingungen lassen sich nicht mehr verändern. Diese sind nichts regionspolitisch Gestaltbares. Aus ihnen einen konkreten Gestaltungsauftrag abzuleiten, fällt schwer. Zudem sind die weichen Argumente, welche im Hinblick auf bestimmte erfolgreiche Regionen genannt werden, vielfach austauschbar: Welche regionale Bevölkerung ist nicht bodenständig, wer ist nicht in gewissem Maße risikobereit, wer nicht gemeinschaftsorientiert? Es geht hier nicht darum zu behaupten, dass solche Zuschreibungen lediglich Stereotype wären, aber diese Zuschreibungen sind letztlich eben weitgehend austauschbar und treffen auf ganz viele Regionen in ähnlicher Weise zu.

Grundsätzlich stellt sich immer die Frage: Welcher Teil der regionalwirtschaftlichen Entwicklung lässt sich ökonomisch erfassen und erklären, und welcher Teil entfällt auf den schwerer oder sogar gar nicht erklärbaren Rest? In Bezug auf diese Frage erscheinen mir Bodensee-Oberschwaben und das Emsland durchaus unterschiedlich. Bei der Region Bodensee-Oberschwaben ist es einfacher zu erklären, warum diese in den letzten Jahrzehnten wirtschaftlich erfolgreich war und warum dieser Erfolg wahrscheinlich auch in den nächsten Jahren anhalten wird. Für Bodensee-Oberschwaben greifen viele wirtschaftsgeographische und regionalökonomische Konzepte zur Erklärung des ökonomischen Erfolgs. Natürlich spielt auch in dieser Region die historische Ausgangssituation eine erhebliche Rolle. Dies betrifft etwa die ausgeprägte Polyzentralität des Raumes. Die Region Bodensee-Oberschwaben hat mit Ravensburg und Friedrichshafen zumindest zwei städtische Zentren, die urbane Vorteile und ein urbanes Lebensgefühl wahrscheinlich besser vermitteln können als die eher kleineren Städte im Emsland. Einerseits geht es also um die Vorteile der Polyzentralität insgesamt – es gibt mehrere Innovationszentren und Ansatzpunkte für wirtschaftliche Dynamik –, andererseits können aber auch gewisse urbane Lebensqualitäten in der Region geboten werden. Die Region Bodensee-Oberschwaben hat zudem gute wirtschaftsstrukturelle Voraussetzungen. Sie besitzt weltweit agierende Großunternehmen, die als Antennen wirken und Innovationen von außen aufgreifen können, gleichzeitig aber auch einen starken Kranz von kleinen und mittleren Unternehmen, die diese Innovationen längerfristig in der Region verankern und verbreiten können. Dieser Mechanismus ist auch deshalb so wirksam, weil sich viele kleinere Unternehmen als *spin-offs* aus den größeren herausentwickelt haben. Diese Struktur schafft zusammen mit intensiven innerregionalen Zulieferverflechtungen ein hohes Maß an verbundener Vielfalt (*related variety*). Es gibt vor Ort also durchaus verschiedene Branchen und Wirtschaftssektoren, die aber im Hinblick auf wesentliche technologische Kernkompetenzen enge Verbindungen untereinander aufweisen. Im besten Fall lässt sich dieser Vorteil in der Region auch noch „bipolar" bedienen.

Der Raum Friedrichshafen bietet vermutlich genau diese verbundene Vielfalt, die in normalen Phasen der wirtschaftlichen Entwicklung und ohne starke Umbrüche wachstumstreibend wirkt. Die Großunternehmen im Raum Friedrichshafen haben vermutlich auch gute Chancen, den Umstieg von klassischen Getrieben und Zahnrädern in andere (technisch aber dennoch verwandte) Technologiefelder zu schaffen sowie die kleinen und mittleren Unternehmen auf diesem Weg mitzunehmen.

Der zweite Wachstumspol der Region, Ravensburg, hat dagegen mehr unverbundene Vielfalt (*unrelated variety*) zu bieten, die in ausgeprägten Krisenzeiten angesichts radikaler Umbrüche Stabilität verleihen kann. Zudem profitiert die Region Bodensee-Oberschwaben auch von ihrer räumlichen Einbettung in das Dreieck der dynamischen Metropolen Stuttgart, München und Zürich. Verbunden mit der durchaus attraktiven Landschaft am nördlichen Bodenseeufer und im südlichen Oberschwaben hat der Raum damit durchaus Alleinstellungsmerkmale, die viele andere Regionen nicht in ähnlichem Maße besitzen. Diese Vorteile können die Nachteile der „Metropolenferne" sicherlich in einigen Bereichen kompensieren, wenn es darum geht, Hochqualifizierte für die regionale Wirtschaft zu gewinnen.

Der Erfolg des Emslands ist aus wirtschaftsgeographischer Sicht schwieriger zu erklären, auch wenn es seit Jahrzehnten immer wieder als eine der ersten Regionen genannt wird, wenn es um sich besonders positiv entwickelnde metropolenferne Räume geht. Wirtschaftsstrukturelle Argumente für den Erfolg sind etwas schwieriger zu finden als im Falle der Region Bodensee-Oberschwaben. Dies könnte darauf hinweisen, dass die weicheren Faktoren im Emsland eine ganz besondere Rolle spielen. Schlüsselakteure, welche die richtigen Entscheidungen zur richtigen Zeit getroffen haben, scheinen hier von besonderer Bedeutung zu sein. Weitere Faktoren sind die engen und stabilen sozialen Netzwerke sowie das starke Gemeinschaftsgefühl, das offenbar eine ganz besondere Qualität des Emslands darstellt. Schwieriger ist zu beurteilen, inwieweit das Emsland in der Vergangenheit vor allem von einer nachholenden Entwicklung profitierte. Dann wären die Erfolge der Vergangenheit entlang eines klassischen, industriell orientierten Wachstumspfads wohl nicht einfach in die Zukunft zu extrapolieren; zum einen weil die Spielräume auch als Folge des erfolgreichen Aufholens zwangsläufig enger werden, zum anderen weil ökologische Grenzen heute deutlich sichtbarer sind. Wie müsste eine auch aus ökologischer Sicht nachhaltige Entwicklung in metropolenfernen Räumen aussehen? Diese Fragen betreffen nicht nur die Wirtschaft, sondern beispielsweise auch die Bereiche Wohnen und Verkehr. Der Energieverbrauch des Wohnens und des Verkehrs leistet heute einen ganz entscheidenden Beitrag zu den Treibhausgasemissionen. In diesen Feldern hat der ländliche Raum gegenüber den großen Städten strukturelle Nachteile, weil die Distanzen weiter sind, hochwertige ÖPNV-Angebote sich weniger lohnen und ein verdichtetes Bauen von der Bevölkerung außerhalb der Städte weniger akzeptiert wird. Dies gilt aber natürlich nicht nur für das Emsland.

Langfristig stellt sich die Frage, inwieweit die klassischen Vorteile der metropolenferne Räume – günstiges Bauland für Eigenheime sowie relativ kurze Fahrzeiten aufgrund der geringeren Belastung der Straßeninfrastruktur – langfristig erhalten bleiben, wenn Ziele der Ressourceneinsparung und klimapolitische Vorgaben wichtiger werden. Auch der weiter fortschreitende demographische Wandel wirft neue Fragen auf: Was passiert, wenn die typischen ländlichen Wohnformen für einen steigenden Anteil an Hochbetagten nicht mehr taugen und aufgrund des demographischen Wandels die individuelle Mobilität großer Teile der Bevölkerung deutlich zurückgeht? Wie kann man solchen Herausforderungen in eher dispersen Siedlungsstrukturen angemessen begegnen?

Das Konzept der Offenen Region, das ich in meinem vorherigen Beitrag kurz skizziert habe, scheint mir es Wert zu sein, weitergedacht zu werden. Ich kann die jungen Leute in einer bestimmten Phase ihres Lebens – Ausbildung, Studium, Sammeln von Auslandserfahrungen usw. – ohnehin nicht am Wegziehen hindern. Wichtig ist dann aber, ihnen die Möglichkeit zu geben, zum Beispiel in der Familiengründungsphase, wieder zurückzukommen. Dies hätte für eine Region gleich mehrere Vorteile: Nicht nur kann so die demographische Entwicklung stabilisiert werden, sondern mit den Rückkehrerinnen und Rückkehrern kommen auch ganz neue Erfahrungen und Ideen in die Region.

Das heißt aber für die Regionalpolitik, dass die Region offener gedacht werden muss. Auch aus wissenschaftlicher Sicht scheint mir das Konzept der Offenen Region vielversprechend. Die Region wäre dann weniger als relativ abgeschlossene Entität interessant, sondern sie würde eher als mehr oder weniger ausgeprägter Knoten in internationalen Wirtschaftsbeziehungen sowie Material- und Informationsflüssen gesehen. Allerdings könnten dabei Dissonanzen entstehen, weil Politik und Verwaltung für Gebietskörperschaften zuständig und verantwortlich sind. Diese territoriale Zuständigkeit könnte dazu führen, dass sich Politik und Verwaltung mit zu offenen Raumkonzepten schwertun.

Als letzten Punkt möchte ich noch zur Frage der Methodik der Erfolgsmessung kommen. Wie oben bereits ausgeführt, spielen die weichen, schwieriger messbaren Faktoren ohne Zweifel eine substantielle Rolle für Erfolge in der Regionalentwicklung. Dies bedeutet aber nicht zwangsläufig, dass nur qualitative Methoden wie Expertengespräche oder Tiefeninterviews eingesetzt werden können um diese Faktoren zu erforschen, und der Einsatz quantitativer

Ansätze unmöglich ist. Wenn beispielsweise das Soziale Kapitel in einer Region eine bedeutende Rolle spielt, lässt sich dieses über geeignete Indikatoren und mit umfassenden Befragungsdesigns durchaus quantitativ messen. Hier ist nicht der Platz, dies weiter auszuführen, aber es lässt sich festhalten, dass ein eher „weicher" Untersuchungsgegenstand nicht zwangsläufig bedeutet, dass die eingesetzten Methoden auch „weich" bzw. rein qualitativ sein müssen.

Dirk Lüerßen

Sind Erklärungsansätze erkennbar und was kann man für die künftige Regionalentwicklung lernen?

Zunächst einmal möchte ich vorwegschicken, dass ich hier nicht für die Region Emsland sondern für die Wachstumsregion Ems-Achse e.V. spreche. Dazu gehören die Landkreise Wittmund, Aurich, Leer, Emsland und Grafschaft Bentheim sowie die kreisfreie Stadt Emden. Das Emsland ist nicht stehen geblieben, sondern hat 2006 nach dem Lückenschluss der A 31 festgestellt: wir brauchen auch eine Wirtschaftsachse, vielleicht auch durchaus in Abgrenzung zu den Metropolregionen.

Wir haben uns jedenfalls damals zusammengeschlossen, denn es ist wichtig, dass wir im größeren Verbund auftreten und auch der große starke Landkreis Emsland hat gesehen, dass man gemeinsam auch Projekte bewältigen kann, die man vielleicht alleine nicht hinbekommen hätte, wie z.B. die A 31.

Noch eine zweite Vorbemerkung: Ich bin von Haus aus Politikwissenschaftler und Historiker und ich habe in den vergangenen Jahren viele andere Regionen besucht und bin oft gefragt worden, warum ist unsere Region erfolgreich, warum ist die regionale Kooperation erfolgreich? Wir sind da immer sehr offen, wie wir zusammenarbeiten (inklusive organisatorischer und finanzieller Fragen), und es ist eins für mich klar geworden: Man kann das nicht 1:1 adaptieren, jede Region ist anders und wir könnten jetzt alles, was wir oder der Landkreis Emsland gemacht haben, auf einen anderen Landkreis übertragen und das würde glorreich scheitern. Das als Vorbemerkung.

Die Frage hat mich auch umgetrieben in den Diskussionen der letzten Tage: Wann ist eine Region eigentlich erfolgreich? Wir sehen zunächst mal den Wert eines Arbeitsplatzes: Wenn man aus einer Region kommt, die noch vor 20 Jahren im Winter 15 bis 20% Arbeitslose hatte, dann ist es an sich ein Erfolg, dass die meisten Menschen einen Arbeitsplatz haben. Einkommen, Wohlstand einer Region, Eigenheimquote und die Wahrnehmung von außen – selbst die „taz" hat vor wenigen Jahren kritikfrei darüber berichtet, wie diese Region doch zu Wohlstand gekommen ist.

Einen anderen Aspekt hat Frau Margarian heute morgen erwähnt: Die Frage der Wahlfreiheit für das Lebensmodell. Ich will nicht immer diesen Vergleich Stadt-Land bemühen, aber wir wissen eben, in München oder in Stuttgart oder in anderen Städten, da brauchen Sie im Normalfall zwei volle Einkommen, um sich ein Eigenheim zu leisten, von einem Haus gar nicht zu sprechen, sondern eine Eigentumswohnung. Das ist bei uns sicherlich anders. Und auch die Wahlfreiheit für das Modell, zurückkehren zu können, wird bei uns durchaus als Luxus oder als Wohlstand wahrgenommen. Und ich empfehle auch noch einmal einen Blick auf den Glücksatlas von Prof. Raffelhüschen zu werfen, die Norddeutschen sind nicht wirklich unglücklich, ganz im Gegenteil, wir sind da relativ weit vorne, vielleicht ist das auch ein Stückchen Erfolg wenn wir über work-life-balance und Generation Y, Z und ähnliches sprechen.

Was ich spannend finde an dieser Tagung ist immer noch der Titel: Erfolgreiche metropolenferne Regionen, Ich stelle mir das jetzt mal andersrum vor: Wenn man über erfolgreiche Metropolen spricht: „Erfolgreiche Metropolen ohne ländliche Räume"? Ich finde die Definition schwierig und stelle in Frage, ob Metropole immer gleich erfolgreich heißt … Höchste Schuldenlast pro Kopf in Bremen, höchste Kriminalitätsrate in Berlin, schlechteste Luftwerte in Stuttgart – diese Liste ließe sich nahezu beliebig fortsetzen. Berlin wächst um 40.000 Köpfe pro Jahr – mit noch großen ungelösten Problemen. Deswegen stellt sich mir auch die Frage, ob man nicht selbstbewusst sagt, erfolgreiche ländliche Regionen. Land oder ländliche Räume ist kein negativer Begriff – wir haben's gehört: Landlust ist die meistverkaufte Zeitschrift.

Was die Rolle des Landes angeht, ist doch klar: Herr Dr. Löb, wir würden uns nicht wehren, wenn das Land uns jetzt einen Eimer Geld hinstellt, wir würden es auch gut verwenden. Spannend finde ich dabei (und wir sitzen nächste Woche mit der Ministerin zusammen und werden diesen Punkt wieder ansprechen): Es gibt einen Fördertopf für die Metropolregionen, weil die ja so gebeutelt sind, brauchen die noch ein bisschen Geld und personelle Unterstützung, die es nicht für die Wachstumsregionen gibt, also für die ländlichen Räume. Ich verstehe diese Ungleichbehandlung nicht!

Wir müssen eben auch nicht nur als ländliche Räume wahrgenommen werden. Hubertus Winterberg hat es so schön ausgedrückt mit der berühmten Frage: Liegt noch Schnee oder liegt schon Schnee im Sauerland? Bei uns ist es häufig so, wenn man Veranstaltungen des Landes macht und das dann über das ganze Land tragen will, dann reicht Oldenburg in der Wahrnehmung aus Hannover völlig aus, das ist dann westlich genug. Dass danach noch 900.000 Menschen kommen im Westen, wird gern übersehen, insofern versuchen wir da gemeinsam nochmal zu werben.

Was sind die Erfolgsfaktoren und was ist für die Regionalentwicklung daraus zu lernen? Ein ganz wesentlicher Faktor sind unsere kleinen und mittleren Unternehmen und unsere familiengeführten Unternehmen. Ich denke, das ist ein ganz wesentlicher Faktor für den Erfolg unserer Region. Ob das messbar ist, weiß ich nicht. Man kann sicherlich die inhabergeführten Unternehmen mal zählen, aber das wird dem nur zum Teil gerecht. Wir reden immer alle über Nachhaltigkeit, wir haben mit diesen familiengeführten Unternehmen eine ganz große Nachhaltigkeit. Die Unternehmen entlassen nicht leichtfertig Personal, weil sie mit diesen Menschen oft in dörflicher Gemeinschaft zusammenleben, im gleichen Sport- oder Schützenverein sind. Diese Familienbetriebe verlegen auch nicht so einfach ihren Standort, sondern stehen für die Region. Es gibt eine ganz hohe Verbundenheit zwischen den Unternehmen und den Orten, da geht keiner – zumindest nicht bewusst – ein Risiko ein. Man will auch in der nächsten Generation noch an dem Standort wirtschaften und was ganz spannend ist, man möchte übrigens auch noch mit den gleichen Partnern wirtschaften. Ein großer Teil des Erfolges hat damit zu tun, dass – vielleicht anders als in der Anonymität des Internets oder der Großstadt – man sich trifft:

Man sieht sich beim Verein, man trifft sich beim Gallimarkt oder ähnlichen Veranstaltungen. Man kann es sich nicht leisten, den anderen „übers Ohr zu hauen" und so ist dieser ehrbare Kaufmann oder die ehrbare Kauffrau ein ganz wichtiger Faktor für nachhaltiges Wirtschaften und für die Verbundenheit.

Das Thema Subsidiarität ist bereits mehrfach angeklungen. Ich glaube schon, dass es dem Emsland besonders gut getan hat, dass man eine große starke Kreisverwaltung hatte, dass man drei Landkreise zusammengefasst hat. Dass man dann an einem Strang gezogen hat und dass man schneller Dinge entscheiden konnte. Die Bildungsregion ist so ein Beispiel: Die Bildungsregion Emsland hat ganz andere Möglichkeiten als in Ostfriesland mit den vier Gebietskörperschaften. Die Ausstattung und Prioritäten sind im Emsland eben „nur" von einem Kreistagsbeschluss abhängig und nicht von drei Kreistagsbeschlüssen und dem Beschluss des Stadtrats in Emden, um dann endlich mal zu einem Ergebnis zu kommen. Das kann man an verschiedenen Beispielen sehen. Es ist auch ganz entscheidend, was sind für handelnde Personen dort.

Die Zusammenarbeit in Ostfriesland war aber noch nie so gut wie heute – vielleicht auch ein wenig durch unsere Arbeit in der Ems-Achse. Wir merken in Ostfriesland auch, dass die Region unheimlich aufholt. Ostfriesland ist im Grunde nur ein paar Jahre hinter der Entwicklung im Emsland, wir haben in den letzten 8 Jahren eine Beschäftigungsentwicklung, die sich parallel entwickelt: + 27% im Emsland, +27% in Ostfriesland bei der sozialversicherungspflichtigen Beschäftigung. Wir sind sehr optimistisch, dass wir – im Emsland kann die Arbeitslosenquote ja nicht viel weiter sinken – bald einen einheitlichen Wirtschaftsraum mit ähnlichen Arbeitsmarktdaten haben werden.

Ganz wichtig sind dabei die handelnden Personen und wir stellen immer wieder fest, entweder haben Sie Bedenkenträger oder Sie haben Anpacker. Ich stelle mal die kritische Frage: Wo sind die Anreize für Mitarbeiter im öffentlichen Dienst, anzupacken und auch mal mutig zu sein. Sie verdienen ihre A 13 oder E 11 oder nach einer anderen Eingruppierung. Aber es ist egal, ob sich jetzt eine Firma ansiedelt oder auch nicht, ob ein Neubau ermöglicht wird, ob das Bauverfahren schneller ist. „Geht nicht – gibt's nicht" war das Motto von Landrat Bröring im Emsland – und das wird weitergegeben: Habe ich den Mut, auch mal Dinge anzupacken, vielleicht sogar mal Fehler zu machen? Sie hatten es angesprochen, Frau Fellner: Dinge anschieben, von denen ich nicht sicher weiß, ob ich das nachher auch genehmigt bekomme. Ich glaube, das spielt eine ganz große Rolle.

Ganz wichtig für eine Region ist dann auch noch, dass man sich nicht ausruht. Ja, das Emsland und unsere Region sind zurzeit sehr erfolgreich, aber wir wissen nicht, wie das in drei, fünf oder zehn Jahren. Da ist es gut, dass die Region ein Stück weit mehr zukunftsfähig gemacht wurde. Vor 30 oder 40 Jahren, als die Entwicklung anfing, hatten wir keinen einzigen Studierenden. Heute sind es rund 8.000 Studierende an drei Standorten in Emden, Leer und Lingen. Es gibt inzwischen eine internationale Grundschule, einen internationalen Kindergarten in Lingen, weil die Firmen eben merken, sie brauchen das auch für ihr Personal. Wir haben ein reichhaltiges Kulturangebot, das sich nicht verstecken muss: Bob Dylan hat eines seiner drei Deutschlandkonzerte in Lingen gegeben. Die Emslandarena lohnt sich für einen Besuch, die Kunsthalle Emden, die in der „Bundesliga" spielt und viele andere Dinge. Aber auch beim Thema Infrastruktur: Wir sind gut erschlossen: Wenn jetzt noch die E233 als Querverbindung zwischen der A 1 und der A 31 kommt, ist das neben der IC-Anbindung sowohl Richtung Hannover als auch Richtung Münster/Köln wirklich ordentlich.

Polyzentralität ist mehrfach als Stichwort gefallen. Das finde ich auch ganz wichtig, wenn gleichzeitig Homogenität besteht. Bei meinen zahlreichen Besuchen in vielen Regionen stelle ich immer wieder fest, dass das „Gönnen-Können" oder das Überwinden des „Kirchturmdenkens" in vielen Regionen in Deutschland nicht sonderlich ausgeprägt ist. Da hört man dann von manchem Landrat oder Bürgermeister: Wenn ich was mit meinem Nachbarn entwickle, dann profitiert der vielleicht stärker von diesem Prozess. Bei so einem Denken kann ich keine Regionalentwicklung betreiben, das ist eben dieses Kirchturmdenken.

Es gibt einen schönen Spruch, den unser ehemaliger Vorsitzender, Manfred Wendt von der Firma Bunte, geprägt hat: „Die Flut im Hafen hebt alle Schiffe". Das gibt unser Handeln gut wieder: Wenn ich zusammenarbeite, dann haben alle etwas davon und das ist eine Frage der Haltung und des Selbstvertrauens. Und das gilt nicht nur in unserer Region, sondern das gilt für alle starken Regionen, die ich ausgemacht habe. Gepaart mit dem Gedanken: Wenn uns keiner hilft, müssen wir uns selber helfen. Auch das ist ganz wesentlich: Weg von dieser Opferrolle, die wir vorhin gehört haben. Und wenn wir so eine Diskussion in unserer Region führen würden, über „erfolgreiche metropolenferne Regionen", dann würden die überhaupt nicht verstehen, worüber wir eigentlich reden. Wir müssen nicht immer alles kaputtdiskutieren, wir müssen mehr anpacken.

Ein letzter Wunsch noch: Wir brauchen eine klare Verantwortung in der Politik, in den Ministerien für die ländlichen Räume. Das ist das, was noch fehlt. Zurzeit sind die Verantwortlichkeiten in vier, fünf, sechs verschiedenen Ministerien angesiedelt. In Hannover weiß man aber eben nicht, was es bedeutet, wenn man eine Berufsschule schließt. Das ist nur halb so schlimm, da fahren die Jugendlichen eben drei S-Bahn-Stationen weiter. Bei uns ist die Schließung eines Ausbildungszweigs eine mittelschwere Katastrophe. So haben die ländlichen Räume eben ganz eigene Anforderungen und die werden aus den Entscheidungszentren häufig nicht gesehen. Insofern müssen wir dann immer etwas lauter auftreten. Ich glaube, das macht die Region am Ende ganz erfolgreich – wohlwissend, dass wir eine Vielzahl von Aufgaben vor Ort selber lösen müssen.

Herbert Weber

Lehren für die Regionalentwicklung: Was kann man für die künftige Regionalentwicklung lernen?

Ich kann Sie nur ermutigen, Herr Lüerßen, dieses Instrument REGIONALE aufzugreifen, das ist, wie ich finde, sehr sinnvoll. Vieles von dem, was wir in Ostwestfalen-Lippe erreicht haben oder uns vorgenommen haben, hat seine Wurzeln unter anderem in der ersten REGIONALE, die wir im Jahr 2000 umgesetzt haben. Damals war die Expo in Hannover der Anknüpfungspunkt, uns mit unserer Region zu beschäftigen.

Ich will Ihnen kurz die Region Ostwestfalen-Lippe vorstellen. Wir sind eine von diesen polyzentrischen strukturierten Regionen, die ja bereits heute morgen zur Sprache kamen. Ostwestfalen-Lippe umfasst sechs Kreise und die kreisfreie Stadt Bielefeld, knapp zwei Millionen Menschen leben auf 6.500 Quadratkilometer Fläche. OWL ist deckungsgleich mit dem Regierungsbezirk Detmold, was uns an vielen Stellen zugute kommt. Die Frage im Eingangsstatement von Herrn Lange war ja, ist Bielefeld jetzt eine Metropole oder nicht? Da kann man lange darüber streiten. Bielefeld hat 330.000 Einwohner und ist die größte Stadt in OWL, gefolgt von Paderborn mit 150.000 Einwohnern und Gütersloh als drittgrößte Stadt kratzt an der Hunderttausendermarke.

Auf die ebenfalls heute gestellte Frage, „ist OWL eine erfolgreiche Region", antworte ich erst einmal mit „Ja", OWL ist erfolgreich. Der Wirtschaft geht es gut, die Hochschulen wachsen etc. Wenn wir aber genauer hinschauen, und das tun wir in Ostwestfalen-Lippe, dann wissen wir natürlich, dass die wirtschaftliche Stärke ungleich verteilt ist, wir haben in OWL ungleiche Entwicklungsdynamiken. Und das ist eine der großen Herausforderungen, mit denen wir es zu tun haben. Entlang der Autobahnen A2 und der A33, und rund um die Hochschulstandorte brummt es in unserer Region. Und dann gibt es andere Bereiche, ländliche Räume, die vor größeren Herausforderungen stehen. Der Kreis Höxter beispielsweise hat eine Bevölkerungsprognose von minus 16 Prozent bis 2040; – und andere Teilräume betrifft das auch. Diese ungleichen Entwicklungsdynamiken fordern die Region heraus. Die ländlichen Räume fordern ein, das sie an die positiven Entwicklungen angeschlossen werden. Das müssen wir aufnehmen.

Mir hat die Interpretation einer Teilnehmerin gefallen, die sagte: Erfolgreiche Regionen sind solche, in denen Handlungsoptionen wachsen. Und Ostwestfalen-Lippe ist eine Region, in der Handlungsoptionen wachsen. Von daher glaube ich auch, dass wir mit den Herausforderungen, vor denen wir stehen, klar kommen werden. Das gilt für die demographische Entwicklung für den Wegzug junger Menschen, all die Themen, die Sie sicherlich ausführlich diskutiert haben.

Ich glaube, um diese Herausforderungen in den Griff zu bekommen, braucht man gute regionale Strukturen. Man braucht oder besser, es hilft, wenn man eine Einrichtung hat, wie wir eine sind: Die OstWestfalenLippe GmbH. Gesellschafter sind zu 50 Prozent die sechs Kreise und die kreisfreie Stadt Bielefeld, und zu 50 Prozent die Wirtschaft und die Hochschulen. Es gibt uns jetzt 25 Jahre. Wir sind gestartet als eine klassische Marketinggesellschaft. Heute sind wir eine sehr breit aufgestellte Organisation, in der Regionalentwicklung vorne an steht, sehr stark konzentriert auf das Thema Innovationsinfrastrukturförderung, in der das Thema Regionalmarketing natürlich integriert ist, die Themen regionaler Tourismus und regionale Kulturkoordination; aber auch arbeitsmarktpolitische Themen, – in Nordrhein-Westfalen gibt es sogenannte Regionalagenturen, die sich um arbeitsmarktpolitische Programme in den Regionen kümmern, und bei uns ist das sogenannte Kompetenzzentrum ‚Frau und Beruf' abgesiedelt, das sich um die Chancen von Frauen im Arbeitsleben kümmert.

Diese Themen sind unter unserem Dach integriert. Sie können sich vorstellen, dass darin natürlich enorme Synergiepotenziale liegen, wenn man so etwas dann einmal zusammen bringt zu bestimmten Themen, z.B. zum Thema Fachkräftesicherung. Und die REGIONALE kommt als neues, weiteres Handlungsfeld unserer Gesellschaft hinzu.

Das Thema Zusammenarbeit Wirtschaft – Hochschulen habe ich angesprochen. Die Wirtschaft aufzuschließen ist nicht einfach. Unternehmen sagen natürlich, dass man etwas für die Region tun muss, das Image muss besser werden, wir sind stark, aber das weiß keiner, etc. Aber ein Unternehmen als aktiven Partner, der auch Geld einbringt, zu gewinnen, ist nicht einfach. Denn Unternehmen lassen sich auch von der Formel „die Flut hebt alle Schiffe im Hafen" leiten. Da hilft es, wenn man „Treiber" findet, Unternehmer, die sich an die Spitze der Bewegung setzten und ein Thema führen. So gelingt es dann besser, weitere Unternehmen als Mitstreiter zu gewinnen. Und das ist uns gelungen.

Wir haben in den vergangenen Jahren die unterschiedlichen Förderprogramme, die das Land Nordrhein-Westfalen zur Verfügung stellt, glaube ich, immer ganz klug genutzt, um es mal so zu formulieren. Wir haben gefragt, was ist das treibende Thema, das wir in den nächsten Jahren anpacken wollen. Und das war zunächst das Thema Bürokratieabbau; und in den letzten zehn Jahren haben wir uns um das Thema „Förderung von Innovationsinfrastruktur" gekümmert, weil die mittelständische Wirtschaft in OWL diesbezüglich Unterstützung braucht. Ein zentrales Thema dabei ist der Transfer, aus den Hochschulen oder aus Forschungsinstituten, in die Unter- nehmen.

Ein großes Plus der Region ist der hohe Vernetzungsgrad. Es gibt beispielsweise zahlreiche Brancheninitiativen, und es gibt weitere Vereinigungen, beispielsweise haben sich die Wirtschaftsförderer in einer Arbeitsgemeinschaft zusammengeschlossen. Es gelingt uns ganz gut, bei allem Trachten einzelner Einrichtungen, ihr eigenes Interesse in den Blick zu nehmen, uns an entscheidenden Stellen zusammen zu tun. Beispielsweise bei der Bewerbung im Spitzencluster-Wettbewerb des BMBF, bei dem wir erfolgreich waren. Wir haben über fünf Jahre den Spitzencluster it´s OWL – Intelligente technische System aus Ostwestfalen-Lippe – umgesetzt. it´s OWL ist einer von 15 Spitzenclustern in Deutschland, über 100 Partner – Unternehmen, Hochschulen, Forschungseinrichtungen, Kammern etc. – arbeiten im Cluster gemeinsam an Industrie 4.0 Lösungen. Das Land Nordrhein-Westfalen fördert den Cluster für weitere fünf Jahre, so dass dieser Spitzencluster weiter läuft.

Die besondere Chance, die wir haben, ist jetzt, eine neue REGIONALE, ein vom Land NRW gefördertes Strukturentwicklungsprogramm, umzusetzen. Und bei dieser neuen REGIONALE versuchen wir, die Region in Gänze und die ländlichen Räume auch stärker in den Blick zu nehmen.

Unsere Überschrift lautet: Wir gestalten das neue UrbanLand Ostwestfalen-Lippe. Dahinter steckt eine Idee, die Sie aus der Fachszene vielleicht kennen: wir wollen eine „neue Balance" von städtischen und ländlichen Bereichen herstellen, einen Ausgleich herstellen, dafür sorgen, dass die ländlichen Räume von den städtischen Räumen stärker profitieren können – und auch umgekehrt. Wir haben vier Handlungsfelder, in denen wir Projekte umsetzen wollen: Da ist an erster Stelle auch wieder das Thema Mittelstandsförderung, d.h. wir wollen auch im Rahmen der Regionale die Wirtschaft insbesondere in den ländlichen Räumen fördern; wir nennen das ‚Der neue Mittelstand' – da geht es um die Themen Gründung, Transfer aber auch neue Bildungskonzepte. Dann das Handlungsfeld Mobilität, ein entscheidendes Thema, um eine Region zusammenzuführen. Man braucht ein kluges Mobilitätsmanagement, dass das möglich macht. Das Handlungsfeld „Neue Kommunen ohne Grenzen", also die interkommunale Zusammenarbeit, zielt darauf ab, die Daseinsvorsorge für die Menschen auch im ländlichen Raum sicher zu stellen. Und last but not least, das neue Stadt-Land- Quartier. Hier geht es um Quartiersentwicklungen sowohl in den Städten, als auch im ländlichen Raum, oder auch um Fragen der Gesundheitsversorgung etc. In diesen Bereichen sinnvolle Projekte umzusetzen, haben wir uns für die nächsten fünf Jahre vorgenommen. Hinter diesem Programm steht die gesamte Region.

ANHANG

Tagungsprogramm

DIENSTAG, 30. JANUAR 2018

10:30 Anreise und Stehkaffee

11:00 **Begrüßung und Einleitung**
Dr. Joachim Lange, Evangelische Akademie Loccum
Dr. Stefan Krämer, stv. Geschäftsführer, Wüstenrot Stiftung, Ludwigsburg
Prof. Dr. Rainer Danielzyk, Generalsekretär, Akademie für Raumforschung und Landesplanung und Institut für Umweltplanung, Leibniz Universität Hannover
Prof. Dr. Carl-Hans Hauptmeyer, Historisches Seminar der Leibniz Universität Hannover

Bestimmungsfaktoren der Regionalentwicklung im Zeitablauf: Welche Ansätze bietet die wissenschaftliche Debatte?
Prof. Dr. Hans-Werner Niemann, Abteilung Wirtschafts- und Sozialgeschichte, Historisches Seminar, Universität Osnabrück
Prof. Dr. Boris Braun, Lehrstuhl für Anthropogeographie – Schwerpunkt Wirtschaftsgeographie, Geographisches Institut, Universität zu Köln

Gemeinsame Diskussion

12:30 Mittagessen

Tagungsprogramm

13:45	**Erfolgreiche metropolenferne Regionen: Ergebnisse des Forschungsprojektes**

Oberschwaben-Bodensee
Philipp Friedsmann, Niedersächsisches Institut für historische Regionalforschung, Hannover
Kommentare:
Dr.-Ing. Stephan Köhler, Erster Bürgermeister, Stadt Friedrichshafen und Vizepräsident, Akademie für Raumforschung und Landesplanung
Christian von der Heydt, Leiter, Wirtschaftsmuseum Ravensburg
Gemeinsame Diskussion

15:15   Kaffee und Kuchen

15:45   **Emsland**
Dr. Nadja Wischmeyer, Niedersächsisches Institut für historische Regionalforschung, Hannover
Kommentare:
Hermann Bröring, Landrat a.D., Lingen
Dr. Uwe Kröcher, Geschäftsführender Gesellschafter, regio gmbH, Institut für Regionalentwicklung und Informationssysteme, Oldenburg

Gemeinsame Diskussion

17:15   Stehkaffee

17:30   **Seitenblicke auf andere Regionen**
Martin Stöber, Niedersächsisches Institut für historische Regionalforschung, Hannover
Hubertus Winterberg, Geschäftsführer, Südwestfalen Agentur GmbH, Olpe

Prof. Dr. Rolf G. Heinze, Lehrstuhl für Allgemeine Soziologie, Arbeit und Wirtschaft, Ruhr-Universität Bochum

18:30 Abendessen

19:30 **Metropolenferne Regionen: Mehr als ein Blatt im Strom der Wirtschafts- und Demographieentwicklung?**
Einleitung: *Dr. Stefan Krämer*, stv. Geschäftsführer, Wüstenrot Stiftung, Ludwigsburg
Vortrag: *Dr. Reiner Klingholz*, Geschäftsführender Direktor, Berlin-Institut für Bevölkerung und Entwicklung, Berlin

Gemeinsame Diskussion

Anschließend Gelegenheit zum informellen Austausch

MITTWOCH, 31. JANUAR 2018

08:15 Morgenandacht anschl. Frühstück

09:15 **Lehren für die Regionalentwicklung?**

Sind Erklärungsansätze erkennbar ...
Prof. Dr. Boris Braun, Lehrstuhl für Anthropogeographie – Schwerpunkt Wirtschaftsgeographie, Geographisches Institut, Universität zu Köln
Prof. Dr. Hans-Werner Niemann, Abteilung Wirtschafts- und Sozialgeschichte, Historisches Seminar, Universität Osnabrück
Prof. Dr. Rainer Danielzyk, Generalsekretär, Akademie für Raumforschung und Landesplanung und Institut für Umweltplanung, Leibniz Universität Hannover

Stehkaffee

… und was kann man für die künftige Regionalentwicklung lernen?
Dr. Stephan Löb, Referatsleiter, Niedersächsisches Ministerium für Bundes und Europaangelegenheiten und Regionale Entwicklung, Hannover
Anne D. Fellner, stv. Bürgermeisterin und Baudezernentin, Stadt Eberswalde
Dr. Dirk Lüerßen, Geschäftsführer, Wachstumsregion Ems-Achse e.V., Papenburg
Herbert Weber, Geschäftsführer, OstWestfalenLippe GmbH, Bielefeld

12:30 Ende der Tagung mit dem Mittagessen

Loccumer Protokolle zum Thema

Ausgewählte Tagungsdokumentationen der Evangelischen Akademie Loccum aus der Reihe „Loccumer Protokolle". Eine vollständige Auflistung der lieferbaren Veröffentlichungen finden Sie im Internet unter www.loccum.de oder wird auf Anfrage verschickt. Bestellungen bitte unter Angabe der Protokollnummer entweder im Internet oder über den Buchhandel oder direkt an:

Evangelische Akademie Loccum
Protokollstelle
Postfach 2158
31545 Rehburg-Loccum
Telefon: 05766/81-119; Telefax: 05766/81-900
E-Mail: Christine.Poltier@evlka.de

09/18   Die Gemeinsame Agrarpolitik im künftigen Europa:
Was und wie viel gemeinsam?
Loccumer Landwirtschaftstagung 2018
Hrsg. v. Joachim Lange, Rehburg-Loccum 2018,
ISBN 978-3-8172-0918-7, 340 Seiten, 14,00 €.

61/17   Öffentliche Finanzen in föderaler Verflechtung:
Was ist in der neuen Legislaturperiode zu klären?
Hrsg. v. Martin Junkernheinrich und Joachim Lange,
Rehburg-Loccum 2018, ISBN 978-3-8172-6117-8, 172 Seiten, 12,00 €.

32/17   Alterssicherung für Soloselbstständige
in Zeiten der Digitalisierung,
Hrsg. v. Joachim Lange und Ursula Rust, Rehburg-Loccum 2017,
ISBN 978-3-8172-3217-8, 280 Seiten, 14,00 €.

13/17 Auf dem Weg zur Reform der Gemeinsamen Agrarpolitik?
Loccumer Landwirtschaftstagung 2017
Hrsg. v. Joachim Lange, Rehburg-Loccum 2018,
ISBN 978-3-8172-1317-7, 198 Seiten, 12,00 €.

02/17 Das Brexit-Referendum. Lehren für die Europa-Politik
Hrsg. v. Joachim Lange, Rehburg-Loccum 2017,
ISBN 978-3-8172-0217-1, 178 Seiten, 12,00 €.

78/16 Grenzen und Potenziale protestantischer Sozialethik für die Entwicklung des Sozialstaates
Hrsg. v. Joachim Lange, Rehburg-Loccum 2017,
ISBN 978-3-8172-7816-9, 158 Seiten, 12,00 €.

70/16 SGB II und Flüchtlinge.
Ansätze für eine nachhaltige Integration
Hrsg. v. Joachim Lange, Rehburg-Loccum 2017,
ISBN 978-3-8172-7016-3, 138 Seiten, 9,00 €.

33/16 Erfolgsfaktoren der Regionalentwicklung
jenseits der großen Städte
Hrsg. v. Joachim Lange, Rehburg-Loccum 2017,
ISBN 978-3-8172-3316-8, 168 Seiten, 12,00 €.

14/16 Föderale Finanzbeziehungen unter Druck. Von der Flüchtlingspolitik bis zur Reform des Länderfinanzausgleichs
Hrsg. v. Martin Junkernheinrich und Joachim Lange,
Rehburg-Loccum 2016, ISBN 978-3-8172-1416-7, 274 Seiten, 14,00 €.

56/15 Viel Geld, wenig Investitionen. Wie können langfristige Investitionen gestärkt und finanziert werden?
Hrsg. v. Joachim Lange und Arno Brandt, Rehburg-Loccum 2016,
ISBN 978-3-8172-5615-0, 122 Seiten, 9,00 €.